Guerre d'Egypte.

taille des Pyramides.

BATAILLES,

COMBATS ET VICTOIRES

DES

ARMÉES FRANÇAISES

EN ÉGYPTE,

EN SYRIE ET EN PALESTINE.

Par M. C***

A PARIS,

Chez TIGER, Imprimeur-Libraire, rue du Petit-Pont, n° 10.

AU PILIER LITTÉRAIRE.

On trouvera chez le même Imprimeur-Libraire, les ouvrages ci-après, concernant les guerres, batailles, combats, victoires, etc., des Français.

Batailles, combats et victoires des Français en Espagne et en Portugal, 1 volume.
—————— En Allemagne et en Belgique, 2 volumes.
—————— En Autriche et en Pologne, 2 volumes.
—————— En Egypte, 1 volume.
—————— En Hollande, 1 volume.
—————— En Russie, 1 volume.
—————— En Saxe, 1 volume.
Moreau; sa vie, ses exploits militaires, etc.; 1 vol.
Pichegru; sa vie, ses talens militaires, etc.; 1 vol.
Vie du maréchal Ney, contenant des détails intéressans. — Son procès: 2 vol.
Vie d'Athanase Charette, général vendéen: 1 vol.
Henri de Larochejaquelein, général en chef de l'armée d'Anjou: suite de la guerre de la Vendée; 1 v.
Tuffin de la Rouarie, général des chouans : suite de la guerre de la Vendée; 1 vol.

Le Siège de Barcelonne, ou les Victimes de l'Inquisition; 1 volume.
Les Conquérans du Nouveau-Monde, ou histoire de Christophe Colomb et de Fernand Cortez, traduit de l'Anglais, 2 vol.
Les Flibustiers, en 8 volumes, qui se vendent ensemble ou séparément.
Les douze Césars, 1 vol.

PARIS, DE L'IMPRIMERIE DE TIGER.

PRÉFACE.

L'expédition d'Égypte, quoiqu'une des plus brillantes de celles qu'entreprirent les Français dans le cours de la révolution, ne produisit point les résultats qu'on en attendait : mais, d'un côté, si cette expédition fut infructueuse, d'un autre, elle ne fut pas inutile pour les sciences et les arts. Les savans et les artistes qui en firent partie, recueillirent de précieux documens sur ce pays, jadis le berceau des sciences et la patrie des arts.

Quels furent les motifs qui déterminèrent le directoire à tenter la conquête de l'Égypte, et Bonaparte à se mettre à la tête de l'entreprise ? On ne peut douter que ce dernier, par ses triomphes en Italie, étant devenu le héros du peuple français, avait excité les inquiétudes du directoire, qui ne fut pas fâché de jeter au milieu des chances d'une expédition aventureuse, un homme dont la renommée lui était à charge.

Bonaparte qui, de son côté, après la désorganisation des armées d'Italie, avait senti que le directoire voulait, en l'appelant auprès de lui, lui faire perdre une partie de cette renommée qu'il avait acquise, et diminuer son influence ; maîtrisé d'ailleurs par cette activité des combats dont il avait soif, et voyant l'impossibilité de tenter une secousse politique, conçut l'entreprise de l'expédition, dont il ne lui fut pas difficile de faire sentir la nécessité à des gens qui voulaient se débarrasser de lui.

SOMMAIRE
DE
L'EXPÉDITION D'ÉGYPTE.

Réflexions préliminaires sur l'expédition d'Égypte. — Bonaparte, nommé général en chef de cette expédition. — Son arrivée à Toulon. — Départ de la flotte. — Prise de l'île de Malte. — Entrée de la flotte dans le port d'Alexandrie. — Prise de cette ville et de ses deux ports. — Rosette et Demenhour se rendent aux Français. — Prise de Rhamanié. — Affaire de Chebriesse. — Bataille des Pyramides. — Entrée des Français dans la ville du Caire. — Combat naval d'Aboukir. — Combats de Saléhieh, des Réméné, de Behnèse. — Affaires contre les Arabes. — Combat de Ménékia. — Bataille de Sédiman. — Combat de Faïoum. — Révolte du Caire ; incendie de la grande mosquée. — Marche de Bonaparte sur l'isthme de Suez. — Combats de Souagni, de Tahta. — Affaire de Samanhout. — Reddition de la ville de Sienne. — Affaire de El-A'rich. — Prise de Ghazah, de Jaffa, de Caïffa. — — Combat de Kéné, défaite de Mourad-Bey. —

Combat d'Aboumana. — Affaires de Cophtos et de Korsoüm. — Siége de Saint-Jean d'Acre. — Affaire de Loubi. — Combats de Girgé, de Saffet; combat et prise du village de Fouli. — Bataille du Mont-Thabor. — Levée du siége d'Acre. — Départ de l'armée pour l'Egypte. — Combats de Bard's et de Girgé. — Affaire de Géhémi. — Combat de Bénéadi, et prise de ce village. — Engagement d'une brigade avec un corps d'arabes à la tête duquel est l'ange El-Mahdy. — Bataille d'Aboukir et prise du fort de ce nom. — Départ de Bonaparte du port d'Alexandrie, son débarquement à Fréjus et son arrivée à Paris. — Conventions d'El-A'rich avec le grand-visir pour l'évacuation de l'Egypte. — Défaite des Turcs à la bataille de Matavick ou d'Héliopolis. — Assassinat du général Kléber. — Débarquement à Aboukir de 12,000 anglais sous les ordres du général Abercrombie. — Prise d'Aboukir. — Bataille d'Alexandrie. — Convention pour la reddition du Caire. — Capitulation d'Alexandrie; évacuation de l'Egypte.

BATAILLES,
COMBATS ET VICTOIRES
DES ARMÉES FRANÇAISES.

Lorsque Bonaparte eut conçu l'idée de porter en Égypte la renommée et la gloire de ses armes, il s'efforça de prouver la nécessité de l'entreprise qu'il proposait, et de calculer les avantages qu'on devait en retirer. Aussi mit-il en avant que, dans le cas que le succès ne répondit pas à son attente, il suffisait qu'on s'emparât de l'île de Malte pour rendre notre commerce du levant plus florissant et diminuer les richesses de l'Angleterre (car c'était toujours l'Angleterre dont Bonaparte dans tous les tems voulut diminuer l'influence, s'il ne pouvait l'anéantir); il prétendit aussi qu'une colonie intermédiaire aux possessions d'Asie et aux régences d'Afrique fournirait de véritables ressources à la Porte elle-même, qui, dédommagée de la possession de l'Egypte, et maintenue dans le cercle de ses vrais intérêts, n'en resterait pas moins l'alliée fidèle de la république française.

L'expédition résolue, on enveloppa d'un grand mystère tous les préparatifs; et pour soutenir l'esprit public, pour encourager le peuple à des sacrifices, on répandit le bruit que l'on armait contre l'Angleterre, et malgré ces assurances, on rassemblait des savans et une foule d'artistes; on dirigeait enfin l'organisation de la flotte comme si on allait fonder une colonie.

Toulon fut désigné pour le rendez-vous de toutes les forces maritimes. La flotte réunie dans ce port, était composée de 15 vaisseaux de ligne, de 6 frégates et d'un certain nombre de corvettes. Un convoi de 400 bâtimens de transport était prêt à partir, 25,000 hommes de toute arme et dans le meilleur état, furent embarqués avec une promptitude extrême. Bonaparte quitta Paris, et se rendit à Toulon pour prendre le commandement de la flotte, qui appareilla le 18 mai 1798.

Avant de monter sur son vaisseau, il rassembla ses troupes de mer et de terre, et leur adressa cette proclamation :

« Soldats !

» Vous êtes une des ailes de l'armée qui doit marcher sur l'Angleterre : vous avez fait la guerre de montagnes, de plaines, de siéges ; il vous reste à faire la guerre maritime. Les légions romaines que vous avez quelquefois imitées, sans les égaler cependant, combattaient Carthage tour-à-tour sur cette même mer et aux plaines de Zama. La victoire ne les abandonna jamais, parce qu'elles furent constamment braves, patientes à supporter la fatigue, disciplinées et unies entr'elles.

» Soldats, l'Europe a les yeux sur vous ! vous avez de grandes destinées à remplir, des batailles à livrer, des dangers, des fatigues à vaincre ; vous ferez plus que vous n'avez fait pour la prospérité de la patrie, vous ferez et votre propre gloire et le bonheur du monde.

» Marins et soldats, soyez unis, souvenez-vous que le jour d'une bataille, vous avez besoin les uns des autres.

» Le génie de la liberté qui rend, dès sa naissance, la république l'arbitre de l'Europe, veut qu'elle le soit des mers et des nations les plus lointaines ».

Après ce discours, des cris de joie, des hymnes patriotiques retentirent à bord des vaisseaux, et quelques nouveaux bâtimens s'étant venus joindre à la flotte, 450 voiles quittèrent le port et cinglèrent vers l'île de Malte.

On se porta sur Malte, et le 10 juin, l'escadre parut devant Goze, et trouva un convoi parti de Civita-Vecchia qui devait être de l'expédition. Bonaparte envoya alors au grand maître de Malte un de ses aides-de-camp, pour lui demander la permission de mouiller dans le port et de faire de l'eau, dont ses vaisseaux avaient besoin.

Le grand maître ne fit pas de réponse décisive, mais pour ne pas renvoyer un refus absolu, il répondit que deux bateaux de transport pouvaient entrer dans le port, mais qu'il s'opposerait à ce qu'un plus grand nombre se présentât dans l'île. Cette réponse fut considérée comme un refus, puisque de la sorte il eût fallu plus d'une année pour subvenir aux besoins de la flotte. C'était un prétexte, il fut saisi, et sur le champ l'amiral Brueys reçut l'ordre de débarquer. L'on se porta sur plusieurs points à la fois, et nos vaisseaux ne trouvant point de résistance, le lendemain toutes les troupes furent rangées sur le rivage. Des batteries furent élevées aussitôt, et la ville de Malte, investie de toutes parts, fut canonnée avec ardeur. Les chevaliers firent une sortie, mais ils furent repoussés au-dedans des murailles, et le général de brigade Marmont s'empara du drapeau de leur Ordre. Les divisions qui, sous les ordres du général Dessaix, avaient opéré leur débarquement à la tête de Saint-Paul et au mouillage de Marsa-

Siroco, se rapprochèrent de la ville jusqu'au pied des glacis, et l'on proposa une capitulation que le baron d'Hompesch, grand maître de l'Ordre accepta après un jour de négociations. On refusa d'abord d'entrer en pourparler et il n'hésita pas, pour nous forcer de traiter, à promettre la reddition de la place dès la première ouverture. Les Français avaient dans la place quelques intelligences, et des chevaliers de leur nation appuyèrent un parti auquel la faiblesse du grand-maître desirait se rendre.

Il fut convenu que l'île de Malte rentrerait sous le gouvernement républicain, que les deux ports et les îles de Goze et de Cumino subiraient la même loi, que le grand maître toucherait 300,000 francs sur le trésor de la république française, jusqu'à ce qu'au congrès de Rastadt on ait obtenu une principauté en dédommagement de celle qu'il perdait : les chevaliers nés français devaient rentrer dans leur patrie avec une pension de 700 francs. Les généraux français s'engagèrent aussi, au nom de leur gouvernement, à demander auprès des républiques ligurienne, cisalpine, romaine et helvétique, le même traitement en faveur des chevaliers de ces nations. Ces conditions furent signées le 13 juin, à minuit, à bord du vaisseau l'Orient.

Les Français s'emparèrent aussitôt des forts, qui leur furent remis aux termes du traité, et Bonaparte écrivit au directoire : « Nous possédons au centre de la Méditerranée la place la plus forte de l'Europe; il en coûtera cher à ceux qui voudront nous en chasser ».

On trouva dans Malte plusieurs caisses qui furent versées dans celle de l'armée, des parcs d'artillerie et des arsenaux qui contenaient 1,200 pièces de canon, 1,500 milliers de poudre, 40,000 fusils, enfin dans les ports deux vaisseaux de guerre, une frégate et 4 galères.

On établit sur le champ un gouvernement provisoire pour remplacer celui de l'ordre. Ainsi passa sous la domination de la France cette ile célèbre, qui sous les Romains avait déjà joui d'une haute renommée. La prise et l'organisation de Malte, furent l'affaire de huit jours, au bout desquels Bonaparte hâta le départ de la flotte, et le 20 juin il sortit du port, ayant remis au général Vaubois le commandement de la place. Le 26, la flotte se trouva à la hauteur des côtes de Candie ; le 30 sur les côtes d'Afrique, et le premier juillet au soir, à la vue d'Alexandrie. Bonaparte donna aussitôt des ordres pour communiquer avec la ville et prendre à bord le consul de France. Le consul, arrivé à bord du vaisseau amiral, annonça que le 29 juin, 14 voiles anglaises, avaient approché Alexandrie à une lieue de mer, et que les forts de la ville, remplis de soldats aguerris et bien armés, paraissaient disposés à une résistance opiniâtre. Le général en chef apprenant que la flotte s'était dirigée au nord-est, crut plus prudent de précipiter le débarquement que d'attendre l'escadre anglaise et s'exposer à un combat naval qu'il ne pouvait engager sans des craintes fondées. Il hâta donc les préparatifs de l'abordage ; tous les matelots étaient occupés aux manœuvres pour gagner la terre, quand on signala dans l'éloignement une voile de guerre. On ne pourrait exprimer l'impression que cette nouvelle fit sur Bonaparte : « Fortune, s'écria-t-il, m'abandonnerais-tu ? Quoi ! seulement cinq jours ! » La fortune ne devait point encore le trahir ; le vaisseau signalé était *la Justice*, bâtiment français qui venait rejoindre l'escadre. A une heure du matin, 3000 hommes étaient descendus sur le rivage ; Bonaparte les passa en revue et les divisa en trois colonnes. Les généraux Bon (1), Kleber et Menou furent mis à la tête de ces divisions, qui, sans canon, sans cavalerie, marchèrent de suite sur Alexandrie, protégés par l'obscurité de la nuit. Pendant ce tems les troupes continuèrent de débarquer avec l'artillerie.

Les premiers coups de fusil furent tirés sur 300 cavaliers arabes qui gardaient les hauteurs situées autour de la ville, et qui

---

(1) Ce général de division s'était déjà signalé au pont d'Arcole, en Italie.

se retirèrent avec précipitation à la vue des trois divisions qui nous servaient d'avant-garde. Bonaparte, arrivé alors sous les murs de la *ville des Arabes*, autrement appelée la *vieille ville*, se disposa à entamer des négociations; mais des batteries tout à coup démasquées, firent feu sur nos soldats. Malgré la mitraille que lançaient les canons ennemis, malgré la grêle de pierres que recevaient nos bataillons, l'assaut fut tenté avec une grande intrépidité, et couronné d'un plein succès : nos soldats entrèrent dans la place, et Bonaparte ayant déclaré que la France, jalouse de rester en bonne intelligence avec la Porte Ottomane, n'en voulait qu'aux Mamelucks, des Turcs qui résistaient encore dans les vieilles tours, se rendirent, et la fusillade meurtrière qui s'était engagée dans les rues, cessa sur le champ. Cette proclamation, dans laquelle le chef de l'armée française déclara qu'il respecterait les fortunes et les opinions religieuses des Ottomans, produisit l'effet le plus prompt et le plus avantageux. Des cheiks, des imans, des chérifs, vinrent se présenter au quartier-général, et la ville d'Alexandrie ouvrit ses portes à nos troupes. Les ports furent occupés par les bâtimens du convoi, les vaisseaux de l'escadre gagnèrent la rade d'Aboukir pour achever de débarquer l'artillerie, et les forts du Phare furent remplis par des compagnies de nos grenadiers. Les Arabes qui le matin avaient résisté à notre avant-garde, envoyèrent aussi une députation offrir à Bonaparte le pain d'alliance : le général français leur fit des présens : les Arabes se retirèrent pénétrés de reconnaissance, et n'en dévalisèrent pas moins tous les Français qu'ils rencontrèrent sur leur chemin.

Pendant ce tems, le général Menou se rendait maître de Rosette, et organisait un divan provisoire dans cette place, qui, par sa position à l'une des embouchures du Nil, entretenait une communication facile entre le Caire et la Méditerranée.

Pour profiter de la terreur qui précédait l'armée française, et ne pas laisser aux Mameloucks le tems de revenir de la stupeur où ils étaient plongés, Bonaparte donna de suite l'ordre de marcher sur le Caire. Le 7 juillet, l'armée se mit en marche avec trois cents hommes de cavalerie mal montée et une artillerie mal servie dans ses attelages : le soldat, exposé aux ardeurs du soleil, eut aussi beaucoup à souffrir. Enfin, le 9, l'armée arriva à Demenhour, qui ne résista que peu d'instans, et y séjourna le lendemain. Huit cents Mameloucks composant l'avant-garde de l'armée de Mourad-Bey, qui se présentèrent alors, furent contraints de se retirer après avoir essuyé une vive canonade. Cet engagement, où souffrit surtout la division Dessaix, eut lieu à Rahmanié; Mourad-Bey avait rassemblé plusieurs corps, mais surtout des cavaliers; il avait pris position à Chebriesse, appuyant sa droite sur le Nil : huit à dix grosses chaloupes postées sur le fleuve, et plusieurs batteries élevées sur le rivage, protégeaient cette extrémité.

Le 13 juillet, les armées se trouvèrent en présence; Bonaparte n'avait que 1200 hommes d'artillerie, épuisés encore par le voyage sur mer, disposa toutes ses divisions en carrés, et les fit marcher par échelons, de manière que, se flanquant entre elles, elles se défendaient réciproquement par leurs angles, où l'artillerie était placée. La cavalerie de Mourad-Bey devait trouver un obstacle invincible dans les feux croisés qui arrêteraient ses charges et empêcheraient d'entamer les carrés. Mourad-Bey voulut déborder les ailes des Français, mais il fut repoussé par les tirailleurs qui occupaient deux villages aux deux extrémités de l'armée : vers le centre il n'eut pas un meilleur succès ; il fut obligé de se replier devant un mur de feu sous lequel ses braves Mameloucks étaient tombés. Sur le fleuve il eut d'abord l'avantage, et quelques vaisseaux français furent pris par les Mameloucks ; mais ils ne restèrent pas long-tems captifs. On triompha sur tous les points, et Mourad-Bey fut contraint de battre en retraite : cette bataille fut nommée bataille de Chébriesse, du nom d'un village voisin.

Mourad-Bey se retira ; mais, retranché

au village d'Embabé, vis-à-vis d'un des ports du Caire, il se disposa à livrer bataille. Bonaparte s'empressa d'aller à sa rencontre, et, le 21 juillet, les avant-gardes se rencontrèrent au point du jour. Le général Dessaix qui tenait les devants, vit fuir devant sa division un corps de 600 Mameloucks escortés par une foule d'Arabes. Sur les deux heures, l'armée n'était plus qu'à une demi-lieue d'Embabé, vis-à-vis de Boulac, port du Caire. On fit halte pour reposer le soldat, dont une chaleur brûlante augmentait la fatigue. Les ennemis, à la vue des Français, descendirent dans la plaine; ils étaient au nombre de 12,000 environ, dont la moitié Mamelouks. De la position que nous occupions en arrière et à gauche, on voyait les Pyramides, à droite le Nil, le Caire, la montagne de Mokatam et la vallée de Memphis.

L'armée rangée en ordre de bataille, Bonaparte donne le signal du combat. Sur toute la ligne le mouvement s'opère, et l'on en vient aux mains. Le centre est attaqué le premier par les Mameloucks, qui se jettent ensuite avec impétuosité sur la droite, formée par les divisions des généraux Desaix et Régnier. L'artillerie française attend les assaillans à demi-portée, et les renverse des premiers coups : ceux qui ne tombent pas blessés par la mitraille se retirent à la hâte sans oser revenir à la charge : 1500 Mameloucks et autant de Fellhas résistaient encore dans le village d'Embabé. Les divisions Kléber, Bon et Menou se portèrent de ce côté : le village fut cerné ; en vain ceux qui le défendaient opérèrent-ils des prodiges de valeur, ils virent toutes leurs communications coupées les unes après les autres, et perdirent jusqu'à l'espoir d'une retraite. On leur proposa de rendre la place et de se constituer prisonniers ; ils ne firent point de réponse, et préférèrent mourir. Nos soldats se précipitèrent avec fureur dans le village. Les 5,000 hommes qui s'y étaient retranchés furent passés au fil de l'épée ou noyés dans le Nil. On trouva dans le village d'Embabé 40 pièces d'artillerie, de nombreux bagages, des munitions de guerre et de bouche, et

400 chameaux. La victoire des pyramides ne coûta que peu de sang aux Français.

Le général Dessaix poursuivit l'ennemi toute la journée, et défit l'arrière-garde de Mourad-Bey, près de Giseh, à l'entrée de la grande vallée du Nil.

Le lendemain, 22 juillet, la ville du Caire ouvrit ses portes aux Français, le gouvernement des Mamelouks fut renversé, et la Basse-Egypte conquise.

Lors de l'entrée des troupes françaises dans la capitale du Delta, l'armée des Mameloucks se partagea en deux corps; l'un suivit Mourad-Bey dans la Haute-Egypte, l'autre prit la route de Syrie sous les ordres d'Ibrahim-Bey.

Bonaparte, après avoir pourvu à l'organisation du nouveau gouvernement du Caire, se mit de suite à la poursuite d'Ibrahim : ensuite il rencontra une partie de la caravane de la Mecque, et lui reprit les objets qui lui avaient été enlevés. Après quatre jours de marche, il atteignit l'arrière-garde dans le village de Salehieh : notre avant-garde était loin d'égaler l'ennemi, qui se trouvait en nombre trois fois plus considérable; malgré l'infériorité du nombre, Bonaparte marche en tête et se précipita sur les traces du bey. Celui-ci réuni à une partie de la caravane, s'enfuit vers la Syrie et nous devança de neuf jours de marche. Le village d'Elhanka s'était rendu après une affaire où les deux partis avaient montré un égal courage. Remérié était aussi tombé entre nos mains, malgré le dévouement du corps que les beys y avaient jeté, et vainqueurs sur tous les points, nous l'étions aussi à Behnèse, lorsque les Anglais vinrent mêler aux chants de triomphe la triste nouvelle d'une défaite.

Le peu de profondeur du port d'Alexandrie empêcha nos vaisseaux d'y rester; ils allèrent jeter l'ancre dans la rade d'Aboukir. Bonaparte, toujours inquiet et redoutant l'activité de l'amiral Nelson, envoya des ordres à l'amiral Brueys pour qu'il se rendît à Corfou, mais ses ordres ne furent point exécutés, et Brueys, s'abusant sur sa position, ne sortit point de la baie où il était enfermé. Le 13 juillet 1798, Nelson se présenta sur les côtes de l'Egypte, vint reconnaître le lendemain le port d'Alexandrie, et s'avança fièrement vers Aboukir. Les vaisseaux français étaient rangés dans l'ordre suivant : *le Guerrier, le Conquérant, l'Aquilon : le Peuple souverain, le Franklin, l'Orient*, monté par l'amiral Brueys, *le Tonnant, l'Heureux, le Mercure, le Timoléon, le Gillaume-Tell* et *le Généreux.* L'amiral français avait embossé à 4 lieues de terre, et les 13 vaisseaux, à deux tiers de cable les uns des autres, occupaient l'embouchure du Nil près de Rosette.

L'amiral Nelson résolut de couper la ligne occupée par l'escadre française, sur plusieurs points en même tems. Pour parvenir à ce but, il la fit traverser dans son milieu par le vaisseau *le Léander*, qui passa entre *le Tonnant* et *l'Orient*, tandis que 6 vaisseaux, conduits par une embarcation égyptienne, passait en dedans, entre la terre et les vaisseaux français, et que sept autres les doublaient par un mouvement semblable en dehors. Le 1er. août, sept

sept vaisseaux de notre flotte furent attaqués, et la canonnade s'engagea; elle dura la journée entière et toute la nuit sans que la victoire parût décidée en faveur d'un parti. Le matin on s'approcha à la portée du pistolet. L'amiral Brueys (1), blessé grièvement, commandait encore, un boulet le coupe en deux. Le feu prend au vaisseau, et du pont pénètre jusqu'à la Sainte-Barbe. *L'Orient* saute avec explosion et disparaît sous les flots. Les mâts, les voiles, les hommes sont lancés en l'air par l'effet de la poudre et couvrent de leurs débris les ponts de tous les vaisseaux. Au milieu de cet affreux désastre, le contre-amiral Gantheaume (2), qui s'est jeté à la nage avant

---

(1) Le comte Paul Brueys, né à Uzès en 1760, était entré jeune dans la marine royale; en 1790, il était lieutenant de vaisseau, et ne rentra en activité que sous le directoire.

(2) Le comte de Gantheaume, né à la Ciotat en 1759, officier auxiliaire dans la marine en 1779, capitaine de brûlot en 1781, sous-lieutenant de vaisseau dans la même année, capitaine de vaisseau

l'explosion, parvient à sauver sa vie. Le combat s'était un moment arrêté, il recommence avec plus d'acharnement; presque tous les commandans français se signalent par une audace sans égale, presque tous ils tombent ou morts ou blessés. Tous les vaisseaux français, habilement placés entre deux feux par la tactique de Nelson, perdent leur mâture et sont rasés après la plus héroïque résistance. Déjà sept bâtimens d'armes ne présentaient plus que des morts et des débris. Six vaisseaux restaient encore qui n'avaient pas pris part au combat. L'amiral Nelson cingla sur eux. Ne recevant pas de signaux, ils ne purent choisir un plan de défense et se jetèrent à la côte. *Le Mercure, le Tonnant* et *l'Heureux* furent pris; *le Timoléon* se brûla après avoir débarqué son équipage; trois autres, conduits par le

---

en 1792, chef de division en 1796, contre-amiral en 1799; vice-amiral en 1805, s'était signalé dans la guerre d'Amérique; dans l'Inde, il s'était associé aux succès du bailli de Suffren.

contre-amiral Villeneuve, parvinrent à s'échapper, en coupant leurs câbles. Notre perte, dans ce combat malheureux, fut incalculable. Les Anglais eurent une grande partie de leurs vaisseaux désemparés et contraints d'aller se radouber dans les ports de Sicile ; ils perdirent 1000 hommes qui furent tués, et comptèrent 1800 blessés ; Nelson lui-même fut frappé à la tête, dans le fort du combat. Que d'actions héroïques furent ensevlies dans cette nuit affreuse! Cependant l'histoire pourra citer avec honneur le courage plus qu'humain du Petit-Thouars qui commandait le Tonnant. Ce brave capitaine, coupé par un boulet et vivant encore, quoique n'ayant plus que le tronc, fit jurer à son équipage de ne point rendre le vaisseau, déjà mutilé, et lui commanda de jeter ses restes à la mer, afin qu'il n'expirât pas prisonnier de l'Angleterre.

La sublime Porte n'attendait que cet échec pour se déclarer ; un manifeste parut dans lequel le chef de l'empire ottoman se plaignait du directoire, de ses usurpations sans nombre et de l'envahissement de l'Egypte. La guerre fut dès-lors déclarée entre ces deux puissances.

Cependant nous n'étions pas défaits sur tous les points, et les Arabes, qui nous avaient attaqués sur Gemélé, après avoir été chargés par nos soldats, s'étaient vus forcés de fuir sans pouvoir organiser aucun plan de retraite. Un second combat eut lieu peu de jours après à Mit-Kamar contre une horde d'Arabes qui infestaient le Nil de ses pirateries. Les généraux de brigade Lanusse et Murat marchèrent contre cette foule de brigands, et les ayant rencontrés dans le village de Doundéh, il les dispersèrent par une première fusillade. Des troupeaux, une grande quantité de chameaux et un butin assez considérable que ces pillards avaient ramassé, furent les misérables trophées de cette journée. Cent Arabes furent tués ou noyés. Une affaire plus sérieuse s'engagea à Ménékia; la résistance et l'attaque y furent mieux calculées, et les deux partis se disputèrent plus long-temps la victoire, qui resta indécise, le signal de la retraite ayant mis fin à l'action.

Dessaix, qui s'était embarqué sur le Nil, et qui n'avait pour flotte que des barques égyptiennes, pour armée que quelques bataillons, poursuivait toujours Mourad-Bey le long du rivage du Nil, et venait enfin de le rencontrer à Sediman. Le 7 octobre, à huit heures du matin, il découvrit Mourad-Bey à la tête de 6,000 Mameloucks et de 10.000 Arabes, qui s'étendaient sur une ligne d'une lieue environ. Dessaix s'avance, mais aussitôt il est enveloppé et attaqué de tous les côtés à la fois. Notre masse résiste par un feu d'artillerie et de mousqueterie qui renverse les assaillans. Un peloton du général Lavalette est culbuté sur notre flanc, mais les Mameloucks ne peuvent tirer aucun parti de cet avantage, car démasqués par leur propre succès, ils sont une seconde fois foudroyés par nos pièces : furieux d'une telle résistance, ils prennent du champ, et s'élancent sur nos rangs. Leurs chevaux viennent périr sur nos baïonnettes ; nos fusils sont abimés de leurs coups de sabres. Partout est le carnage et la mêlée nulle part. Ils se retirent enfin, mais sans abandonner le combat; ils font jouer les canons, et nos rangs éclaircis perdent quelques soldats. La crainte d'être entamés plonge les Français dans une morne consternation : il fallait prendre une résolution dans un aussi pressant danger; l'artillerie légère s'avance sur la batterie ennemie; les canons des Mameloucks sont démontés. Mourad-Bey se retire en pleine déroute, et gagne Faïoum. Trois beys restent sur le champ de bataille, jonché d'armes et de cadavres.

Mourad-Bey cherche à soulever contre les Français la province de Faïuom, à s'opposer à nos réquisitions ; alors Dessaix quitte la ville de Faïoum pour se mettre à la poursuite du bey vaincu. Il venait de sortir de la place, où il n'avait laissé qu'une faible garnison, quand 5,000 Mameloucks et une grande quantité d'Arabes vinrent s'y jeter : les soldats français, malgré l'infériorité de leur nombre, firent cependant une résistance vigoureuse, et ils restèrent maîtres de Faïoum.

Bientôt éclata la révolte du Caire. Le 22

octobre, nos soldats furent assaillis par les habitans. Le général Dupuis (1) fut tué par un groupe de séditieux, et l'insurrection devint générale. Les Arabes parurent aux portes de la ville; le danger était imminent. Les Français se formèrent aussitôt en colonnes mobiles, et culbutèrent les Arabes: les batteries des hauteurs et le canon de la citadelle firent feu et tout rentra dans l'ordre. La grande mosquée fut dévorée par l'incendie.

Le Caire était rentré dans le devoir; mais malgré le calme apparent qui avait succédé aux troubles d'une révolte générale, les Français ne pouvaient rester tranquilles; les nouvelles les plus alarmantes ne faisaient qu'accroître leurs inquiétudes. On avait appris les vues de l'Angleterre, son alliance avec la Turquie, et les préparatifs que l'on faisait à Constantinople

---

(1) Dominique Dupuis ou Dupuy, né à Toulouse en 1764, s'était distingué à l'armée des Pyrénées occidentales, a celle des Alpes et en Italie. Il était simple soldat en 1783.

avec une incroyable activité. Le Djezzar-Pacha armait la Syrie et devait soutenir une armée destinée à marcher sur l'Asie-Mineure. Mourad-Bey devait, à la tête des mécontens et des soldats qui lui restaient, harceler l'armée française; enfin, le commodore Sidney-Smith se rendait dans les mers du Levant, pour protéger avec ses vaisseaux les tentatives des Turcs contre l'armée française, tandis que le commodore Hood bloquait le port d'Alexandrie avec les vaisseaux qui lui étaient restés après le combat naval d'Aboukir.

Bonaparte résolut de prévenir les opérations du Déjezzar-Pacha, en traversant le désert; il donna des ordres, et l'armée se mit en marche : elle était alors peu considérable : l'infanterie, réduite à 4 divisions ne se montait qu'à dix mille hommes environ ; 800 hommes de cavalerie se joignaient aux fantassins sous les ordres du général Murat, et Dommartin n'avait que 1385 artilleurs à sa suite; enfin 340 hommes de génie et 400 guides complétaient les forces de l'armée française.

Les dépôts de cavalerie, les légions nautique et maltaise, et quelques bataillons de l'expédition de Syrie, restèrent dans la Basse-Egypte pour contenir les places qui s'étaient rendues. Le général Dugua fut chargé du commandement du Caire, le général Menou de celui de Rosette : la place d'Alexandrie fut confiée au général Marmont, et Damiette à l'adjudant-général Almeyras. Le général Dessaix resta dans la Haute-Egypte pour contenir Mourad-Bey, et l'empêcher de profiter de la diversion opérée en Syrie pour se reporter sur la Basse-Egypte. Bonaparte, après avoir ainsi réglé le sort des provinces conquises, se mit en marche pour la Syrie.

Le général Kléber fit monter sa division sur un nombre suffisant de chaloupes construites à Boulac, et se rendit de Damiette à Katieh sur le fleuve Menzaleh. Bonaparte, qui voulait avoir des notions vraies sur l'existence problématique du canal de Suez, se rendit vers l'isthme de ce nom, et s'empara de la ville sans une résistance prononcée de la part des habitans : les savans attachés à l'expédition, et qui accompagnaient le général en chef, retrouvèrent le canal de Suez, et l'on dressa les plans de ses anciens vestiges. Le 7 décembre, nous étions dans Suez; le 27, après un combat assez vif, le village de Féchen se rendit et nous livra toutes les munitions et les bagages de la garnison.

Arrivé dans Suez, Bonaparte y rétablit le commerce, rassura les habitans contre les exactions des pachas des Turcs; il établit des transports faciles de Suez au Caire et à Belbeïs, et les dispositions qu'il fit furent telles qu'elles devaient rendre en peu de temps à Suez son antique splendeur.

Le général Dessaix, qui était resté dans la Haute-Egypte, apprit qu'un nombre assez considérable d'Egyptiens se rassemblait à quelques lieues de Girgé : le général Davoust fut de suite envoyé contre ce rassemblement, avec ordre de le dissiper : il disposa sa troupe par échelons, et donna à son avant-garde le signal du combat. Les revoltés s'enfuirent en désordre, en laissant huit cents des leurs sur le champ de bataille. Cet exemple n'empêcha pas plusieurs rassemblemens d'avoir lieu; mais tous furent dispersés aussi facilement.

Le 8 janvier, on se battit à Tahta, mais ce combat de peu d'importance et par le nombre des troupes qui en vinrent aux mains, et par le résultat, n'était que le prélude d'une affaire plus sérieuse qui eut lieu le 22 du même mois.

Mourad-Bey, retiré dans la Haute-Égypte, gardait une attitude menaçante, et sa cavalerie, plus forte et bien mieux montée que la nôtre, venait insulter et piller nos postes avancés. Bonaparte n'apprit pas plutôt ces tentatives d'un ennemi qu'il croyait défait, qu'il envoya des ordres au général Dessaix, de ne plus ménager un ennemi qu'on ne pouvait abattre qu'en l'exterminant. Il lui fit passer 1000 hommes de renfort et trois pièces d'artillerie légère. Mourad-Bey, de son côté, invita les chefs du pays de Jedda et d'Yambo à défendre sa cause et la religion du prophète. Il fit aussi parvenir des émissaires au bey Hassan Jaddaoui pour l'entraîner dans la cause commune : ces exhortations furent accueillies, par ceux à qui elles s'adressoient, avec toute l'ardeur que peut inspirer un fanatisme adroitement mis en jeu. Dessaix, se hâta de poursuivre le plan qui lui avait été tracé. Il rencontra, le 8 janvier, les Egyptiens au village de Tahta, se précipita sur eux, et les tailla en pièces : mille hommes restèrent sur la place. Dans ce moment Mourad-Bey était entouré de tous les schérifs qu'il avait convoqués ; tous les villages, depuis Girgé jusqu'aux cataractes, étaient prêts à marcher. Mourad-Bey, fort du nombre prodigieux de ses troupes, se prépare à livrer le combat ; il envoie son avant-garde, sous les ordres d'Osman-Bey-Hassan, jusqu'à la vue du village de Samanhout. Dessaix s'avance de Girgé, et dispose en carrés ses corps d'infanterie et ses cavaliers. Il n'a pas encore rangé tout son monde en bataille qu'il est cerné par des cavaliers arabes,

arabes, et qu'une colonne ennemie dépasse sa gauche et commence le feu. Cette première attaque fut aisément repoussée. Ses aides-de-camp Rapp et Savary, à la tête du 7e de hussards, culbutent les Arabes en les chargeant en flanc, et la 21e légère de carabiniers débusque une colonne Egyptienne qui venait de prendre part à l'action. Cependant les innombrables colonnes avancent en poussant au ciel des hurlemens affreux ; les carrés attendent l'ennemi et ne lâchent leurs charges qu'au moment où ils s'approchent assez près pour en être abîmé : le succès couronne cette froide intrépidité ; les Mameloucks sont culbutés et leurs cadavres jonchent la plaine ; le combat toutefois était encore indécis ; Davoust en décida le succès par une charge exécutée avec bravoure contre un corps de Mameloucks. Ceux-ci craignirent de tomber entre les mains des Français ; et leur fuite devint le signal d'une retraite générale.

Cette bataille nous rendit maîtres d'Hesney, et, le premier février, la ville de Sienne

Egypte.   C

nous ouvrit ses portes. Plusieurs beys et les deux chefs Hassan et Mourad se jetèrent dans le pays des Bribes, au-dessus des cataractes.

Bonaparte avait appris à Suez que le Djezzar-Pacha s'était emparé du fort d'El-A'rich : il se présenta devant la place, et sans s'inquiéter de l'attaque que les Anglais tentaient contre Alexandrie, dans l'intention de le détourner du plan qu'il semblait avoir adopté, il cerna El-A'rich et força le gouverneur à accepter la capitulation qu'il lui proposa après trois jours de blocus.

Après cette conquête, l'armée traversa les 60 lieues de déserts qui séparent l'Egypte de la Syrie, et arriva, par un chemin couvert d'un sable mouvant et pénible à tenir, dans les plaines de Ghazah. La ville de Ghazah ne put résister à nos troupes, qu'une route longue et difficile ne semblait pas avoir affaiblies. Jaffa, séparée de Ghazah par un désert affreux, n'en fut point protégé contre nos armes ; après quelques jours de siége, cette place fut enlevée d'assaut : la garnison, composée de 1200 canonniers turcs et de 500 Arnautes, fut passée au fil de l'épée : 300 Egyptiens qui se rendirent, obtinrent la permission de retourner dans le centre de leur pays. Les forts furent occupés par les Français, qui trouvèrent dans la place 40 pièces d'artillerie que le grand-seigneur avait envoyées à Djezzar-Pacha.

La division du général Kléber se porta sur Caiffa, et s'en empara. L'armée trouva dans Caiffa une grande quantité de munitions de bouche.

Dessaix était toujours aux prises avec les Mameloucks ; le général Friant, qu'il avait laissé à Hesney avec ordre de se rendre à Sienne, apprit qu'un nombre assez considérable des Arabes d'Yambo s'était réuni sous le village de Kéné. La brigade commandée par le brave Conroux se porta sur ce point, et entra dans la petite ville dont les Arabes venaient de s'éloigner. Quelques jours après une nuée d'Arabes et de paysans tomba sur Kéné ; les troupes françaises prirent les armes, et la lutte fut terrible : au premier choc, le chef de demi-brigade Conroux fut blessé à la tête d'un coup de pique, et tomba à terre sans connaissance ; ses grenadiers se précipitèrent au devant des Mameloucks, arrachèrent le corps de leur capitaine expirant, et jurèrent de le venger. Ils tinrent leur serment, et l'ennemi fut contraint de fuir et de chercher dans les ombres de la nuit un salut qu'aurait compromis une plus longue résistance. Au milieu de la nuit, il revint cependant à la charge, mais il fut repoussé comme la première fois par une fusillade extrêmement vive. Les Mameloucks tombèrent tous sous ses coups, et plus de 300 Arabes restèrent sur le champ de bataille ou morts ou blessés. Mourad-Bey vit périr, dans ces derniers combats, les restes de son armée, et perdit l'espoir qui lui restait encore.

Le général Friant se porta de Kéné sur Aboumana, et vit des bandes d'Arabes rangées sous ce village : les grenadiers engagent le combat et mettent en fuite les paysans qui avaient osé se montrer dans les rangs. Cependant les Arabes résistent encore; mais la 88ᵐᵉ demi-brigade les culbute et les poursuit à travers le désert.

Le général Béliard avait traversé le Nil à Elkamouté, et déjà il était arrivé près de l'ancienne Cophtos, au-dessous de Thèbes. A peine était-il dans la plaine, qu'il voit déboucher plusieurs bataillons d'infanterie turque, soutenus par des cavaliers mamelouks; il forme son carré et reçoit la première colonne; les baïonnettes serrées ne laissent aucune prise à l'ennemi, et le combat n'est engagé qu'entre une avant-garde du bey et nos tirailleurs: on se bat corps à corps, et le sang coule en abondance; une brigade de dragons court sur le fort de la mêlée, et les tirailleurs, après avoir détruit un corps d'infanterie turque, se retirent sur les derrières. Les Mamelouks venaient dans ce moment de tourner le carré sur la droite, et semblaient vouloir charger la colonne française en queue; les braves tirailleurs reprennent l'attaque, et deux drapeaux de la Mèque sont enlevés. Le général Béliard reconnait une position ennemie d'où 4 canons faisaient sur nos rangs un feu de mitraille qui tuait beaucoup de monde; il dispose les carabiniers en colonne d'attaque, et leur ordonne de l'enlever. Ceux-ci firent des prodiges de bravoure : assaillis par les Mameloucks, il les repoussèrent par une décharge de mousqueterie exécutée presque à bout portant; ensuite ils se précipitèrent sur les pièces, et massacrèrent dessus une cinquataine d'Arabes d'Yambo; ces mêmes pièces, dirigées contre ceux qui les avaient posées en batterie, décidèrent du succès de la journée. Le combat de Cophtos fut un des plus sanglans de cette campagne, un de ceux qui couvrirent d'une plus grande gloire les armes françaises.

Cependant l'armée s'avançait sur Saint-Jean d'Acre, et Bonaparte avait disposé son plan d'attaque contre cette place importante. Le 15 mars, l'avant-garde arriva à Zéta, dans la Palestine, et quelques cavaliers revinrent sur l'armée annoncer la rencontre d'un corps ennemi. C'était Abdala-Pacha qui s'était posté sur les hauteurs de Korsoum avec 2000 chevaux, flanqué sur sa droite par un corps de 10,000 Turcs. Les divisions Bon et Kléber reçurent l'ordre de couper l'ennemi de manière à l'obliger à se réfugier sous Damas; mais ces corps se laissèrent entraîner par une ardeur inconsidérée, et si le général en chef n'eût pas modéré leur élan, il eût pu leur devenir funeste. A Korsoum, nous perdîmes 1,500 hommes, tandis que le pacha n'en vit que 400 des siens mis hors de combat. Cet engagement eut lieu avant la prise de Caiffa, que nous venons de rapporter.

Sidney-Smith, chargé par l'Angleterre de soutenir l'exaltation des beys et de leur fournir des ressources, venait d'accroître les moyens de résistance du pacha de Saint-Jean d'Acre en lui envoyant un émigré français qui connaissait les nouvelles fortifications. Cet officier défendit les remparts au moyen de courtines flanquées de tours carrées.

Bonaparte eût bientôt atteint le Djezzar-Pacha derrière les remparts, si un événement auquel on ne pouvait s'attendre n'avait tout à coup dérangé ses projets. Une flottille était en route qui lui apportait des munitions et les pièces d'artillerie nécessaires au siége qu'il allait entreprendre; les Anglais la rencontrèrent au moment où elle doublait le mont Carmel, et cinq des bâtimens qui la composaient baissèrent pavillon et amenèrent après un combat qu'ils auraient pu prolonger davantage. Deux barques et une corvette échappèrent aux vaisseaux ennemis. Cette perte défendit les assiégés plus encore que toutes leurs fortifications. Les Français ne pouvaient, sans grosse artilerie, obtenir de grands avantages contre une place forfiée. Ce qui rendit encore notre position plus fâcheuse, ce fut l'arrivée des vaisseaux anglais qui firent entrer dans la place ces mêmes pièces, ces mêmes munitions qui devaient servir à l'assiéger. Nos bâtimens de transport, armés par Sidney-Smith, restèrent à la vue de l'armée et inquiétèrent les postes français.

Bonaparte prit position entre la mer et Saint-Jean d'Acre, de manière à pouvoir descendre, des hauteurs où il était placé, dans une plaine qui, bornée au nord par le cap Blanc, est terminée à l'ouest par une chaîne de rochers. Il envoya des demi-brigades s'emparer des postes de Saffet et de Nazareth, sur la route de Damas, et alla jusqu'au pied des retranchemens ennemis reconnaitre la place : les généraux Dommartin et Caffarelli l'accompagnèrent dans ses recherches. Après avoir calculé les obstacles et les avantages, il fut résolu que le front, à l'est de la ville, serait attaqué, deux autres côtés étant rendus inattaquables par les eaux de la mer qui baignaient le pied des remparts, et le feu des barques anglaises, qui était presque continuel.

Le 20 mars 1799, la tranchée fut ouverte à 150 toises des murailles; on se servit des fossés de l'ancienne ville, ce qui aida les travailleurs et permit d'achever plus promptement les ouvrages. Le commodore anglais quitta la rade de Caiffa et se porta sous les murs de Saint-Jean d'Acre. Le siége fut entrepris et continué avec une constance héroïque. De nombreuses sorties étaient tentées par la garnison de Djezzar-Pacha, mais après des prodiges de valeur, les deux partis se séparaient sans aucun résultat satisfaisant, et les musulmans étaient contraints de rentrer dans la place. Nos batteries jouèrent cependant avec une telle précision que le neuvième jour après l'ouverture de la tranchée, la tour était percée en plusieurs endroits. La brêche était faite, nos grenadiers ne voulurent point attendre que la mine fut poussée assez loin ; ils se précipitèrent dans le fossé qui n'était point encore comblé, et à l'aide d'échelles, parvinrent jusqu'aux murailles. Le feu des remparts ne put ralentir l'ardeur de ces braves soldats, et les officiers leur donnèrent l'exemple du dévouement. Plusieurs périrent sous les éclats de la mitraille. Les Turcs rentrèrent dans la tour, et les Français dans leurs retranchemens. Cette fausse attaque fut suivie de plusieurs sorties, les assiégés n'obtinrent encore aucun succès.

Le 7 avril, Sidney-Smith, de concert

avec le Djezzar-Pacha, fit une sortie dont les résultats devaient être importans : trois colonnes considérables s'avancèrent sur nos ouvrages les plus voisins des remparts, et les attaquèrent avec une audace imprudente. Nos batteries défendirent les retranchemens, et les assaillans jonchèrent les revers de leurs cadavres.

Les places de Saffet et de Nazareth résistaient encore, mais des corps considérables de Maugrabins inquiétant les garnisons qui y étaient enfermées, elles ne pouvaient servir de rempart à l'armée. Un corps d'observation qui fut confié au général Kléber partit pour unir ces deux villes et arrêter les Musulmans.

Cette nouvelle armée avança avec rapidité, et quelques bandes d'Arabes poussèrent jusqu'à Loubi, à peu de distance de Ghafar-Kana. Alors le général Junot tourne la montagne où l'ennemi s'était posté, mais tout-à-coup trois mille hommes de cavalerie l'entourent. Junot, dans cette périlleuse circonstance, ne prend plus conseil que de son courage; il forme en carré ses braves soldats, et gagne les hauteurs de Nazareth en résistant toujours à un ennemi qui lui proposait de mettre bas les armes. Il fut poursuivi jusqu'à Ghafar-Kana, à deux lieues du champ de bataille, et sa mousqueterie éclaircit les rangs ennemis. Peu de jours après, le capitaine Simon fut assailli dans Saffet, mais, réfugié dans le château, il fit une vigoureuse résistance. L'armée destinée à rompre la ligne française fit quelques mouvemens en avant et se porta dans les plaines d'Esdrelon. Alors le général Kléber se mit en marche pour la tourner et s'emparer de son camp, et fit prévenir par des aides-de-camp le général en chef de sa résolution. Bonaparte ne jugea plus convenable de poursuivre le siége qu'il avait entrepris, et aima mieux livrer bataille à cette multitude qui inquiétait ses troupes et entravait ses opérations. Il envoya aussitôt le général Murat couper la retraite à l'ennemi par le pont de Jacob. Il partit lui-même et ne laissa que deux divisions devant la ville d'Acre : il ne prit avec lui que huit pièces l'artillerie, et le 16 avril il arriva à la vue d'Esdrelon. Il s'était à peine arrêté pour donner quelque repos à ses troupes épuisées par les fatigues d'une marche forcée, qu'au bruit de la mousqueterie, il jugea que le général Kléber devait être aux prises avec l'ennemi. Sur-le-champ il détacha deux demi-brigades; les généraux Rampon et Vial, chargés de conduire ce renfort, trouvèrent la division du général Kléber environnée par les Arabes. Le combat changea tout-à-coup, le général Kléber sentant qu'il allait être soutenu, reprit l'offensive, et, la baïonnette en avant, emporta le village de Fouli, et les Turcs furent bientôt complètement en déroute. Ils repassèrent le Jourdain et se retirèrent sous Damas. Le pont de Gizel-Mécanie, que l'ennemi venait d'abandonner, fut occupé et gardé avec autant de soin que celui de Jacob. Quelques régimens occupèrent aussi le bazar de Nazareth.

La mine qui devait faire sauter la tour de Saint-Jean d'Acre était presque terminée, on y mit le feu; mais le voisinage d'un souterrain empêcha son effet, et le côté de la tour qui répond au rivage fut seul ébranlé sans que la brèche en devînt plus praticable.

Jusqu'au 28 mars, les choses restèrent à-peu-près dans le même état ; ce ne fut que ce jour que nous reçûmes l'artillerie débarquée de nos frégates dans le port de Jaffa. Les assiégés sentirent combien ce renfort allait nous être utile, et, pour s'armer d'avance contre les assauts que nous devions livrer, ils flanquèrent la tour attaquée de deux places d'armes, et ajoutèrent de nombreux ouvrages à ceux qui existaient déjà. Le siége toutefois traînait en longueur, et le désordre commençait à se répandre parmi les régimens français, qui depuis quelques jours manquaient de munitions. Une seconde attaque dirigée contre la tour eut encore moins de succès que la première.

Le 7 mai, Bonaparte apprit qu'une flotille turque allait jeter dans la place des secours de toute espèce ; il fit marcher aussitôt les 18e et 36e demi-brigades contre les places d'armes. Cette fois nous eûmes l'avantage, et la courtine de droite resta en notre pouvoir. La tête de la division du général Lannes marcha sur les fortifications, et l'assaut fut livré sur tous les points. Alors les Turcs nourrirent un feu de mousqueterie des plus violens. Ils jetèrent sur ceux qui passaient par la brèche des matières combustibles, et en tuèrent un grand nombre. Tous ceux qui s'étaient précipités dans la place périrent ou furent contraints d'en sortir, le général Raimbaud y fut tué. Les guides se présentèrent sur les remparts, déjà ils se préparaient à venger sa mort, quand la flotille turque aborda et déposa sur le rivage de nouvelles troupes qui se réunirent aux assaillans. Les Turcs reprirent le dessus, et le nombre triompha; les Français gagnèrent leurs retranchemens.

Les pertes multipliées que nous éprouvions semblaient prouver notre infériorité, et il était probable que nous ne pourrions triompher d'un ennemi qui possédait pour se défendre tous les moyens dont nous étions privés. Bonaparte ne voulut cependant point abandonner une conquête que la fortune lui refusait, et le 10 mai, il reparut au pied de la brêche : des éclaireurs et des grenadiers s'y montrèrent les premiers, et le général Verdier qui était à leur tête, s'empara des avant-postes après avoir égorgé les sentinelles. La garnison que l'on croyait surprendre était sous les armes ; elle opposa la force à l'adresse, et nous obligea à une prompte retraite. Le soir, des grenadiers qui arrivaient du corps d'observation demandèrent à renouveler l'assaut, le succès ne couronna point leurs généreux efforts, et il fallut renoncer à une attaque tant de fois répétée. Nous perdîmes beaucoup de monde dans ces trois assauts.

Sur plusieurs autres points, nous fûmes plus heureux, et nos généraux, avec une énergie et une fermeté bien mesurée, calmèrent plusieurs révoltes partielles qui, si elles n'avaient pas été comprimées au moment de leur naissance, auraient assurément amené la destruction de toute l'armée.

Bonaparte, pour ne point perdre le fruit de ses premières conquêtes, jugea qu'il fallait maintenir le Caire par la présence de son armée, et il lui adressa à cet effet une proclamation.

Il fit jeter à la mer les canons qu'il ne put emporter, et le siége fut levé. L'armée se mit en marche, l'artillerie fut rassemblée au centre ; le général Regnier l'accompagna avec la division du général Bon, le général prit les devants, et Kléber, resté à l'arrière-garde, assura la marche de l'armée.

Dessaix, pendant l'expédition de Syrie, avait été élevé au commandement général en l'absence de Bonaparte. Ce brave et prudent général avait livré plusieurs combats aux restes fugitifs des troupes des beys, et achevait de détruire une puissance à laquelle la victoire d'Alexandrie avait porté les premiers coups.

Le 5 avril, une colonne française qui changeait de position fut assaillie par une foule d'Arabes d'Yambo qui se précipitèrent sur nos rangs ; le chef de brigade Morand, qui conduisait la colonne, se trouvait alors sur une hauteur; il profita de l'avantage de cette position et s'y maintint. Les ennemis furent repoussés par une vive décharge de mousqueterie, et se retirèrent en désordre. Cependant Morand n'abandonna pas la position qu'il occupait. Attaqué une demi-heure après, il dut aux avantages du terrain un second succès. Le lendemain, Morand livra un second combat, mais cette fois il prit l'offensive. Les Arabes pillaient le bazar de Girgé ; il forma deux colonnes d'attaque, et cerna la ville, tandis qu'avec son corps d'élite il pénétra dans les rues intérieures. Les Arabes, pris à l'improviste, furent défaits : une partie succomba dans la ville, l'autre se dispersa dans le désert. Peu de tems après, le chef de brigade Lasalle attaqua de la même manière le village de Géhémi, où s'était rassemblée une foule d'Arabes d'Yambo; dans cette seconde affaire les ennemis, malgré leur résistance, furent mis en fuite et perdirent trois cents hommes.

La campagne de Syrie était achevée, le pacha n'avait plus de forces à opposer à l'armée française, et la terreur qui tenait dans l'inaction ses sujets et ses alliés, lui enlevait tous les moyens d'en rassembler de nouvelles. Le visir ne pouvait se réunir à l'armée ennemie, et les bouches du Nil étaient préservées contre toute attaque. Cependant les combats livrés en Syrie avaient enlevé un grand nombre de soldats à nos braves légions, et les maladies avaient aussi exercé leur ravage, quelques jeunes savans d'une grande espérance et plusieurs officiers d'un mérite reconnu, avaient trouvé la mort au milieu du désert.

L'Angleterre poursuivait son plan de campagne; ses agens agitaient l'Egypte et fomentaient les troubles, son or payait les ennemis du gouvernement français, et les Turcs obéissaient avec zèle et activité. Séid-Mustapha-Pacha rassemblait des troupes dans les ports de l'île de Rhodes; des officiers européens organisaient cette flotille, qui, après la jonction d'un convoi parti des Dardanelles, devait se diriger sur Alexandrie. Les partis de Mameloucks chassés par Dessaix, descendus sur le Delta, organisaient les bandes d'Arabes qu'ils rencontraient dans ce pays : enfin quelques bâtimens anglais remontaient la mer rouge, et une frégate s'approchait de Suez. Le général Lasalle et les chefs de brigade Duranteau et d'Estrées avaient souvent livré combat aux Arabes révoltés, et incendié plusieurs villages qui leur servaient de retraite. La présence de Bonaparte mit fin à ces désordres, et les troupes qu'il ramenait avec lui, bien que faibles et épuisées, retinrent par la crainte ces barbares, troupes timides et mal disciplinées.

Le premier soin du général en chef fut de réparer les pertes que son armée avait éprouvées en Syrie. Il reforma ses cadres avec les garnisons, accorda trois semaines de repos au soldat fatigué, et ce tems ne fut point expiré qu'il sortit de ses quartiers, prêt à commencer une nouvelle campagne.

Le général Dessaix informa Bonaparte d'un mouvement que les Mamelouks venaient de tenter. Ils s'avançaient sur deux points pour y opérer deux jonctions : par l'Oasis de Sababiar une colonne allait au-devant d'Ibrahim-Bey, une autre descendait par le Fayum pour se réunir aux Arabes sur le lac Natron. Le général Lagrange arrêta le premier de ces corps à Sababiar; il le culbuta et lui enleva tous ses chameaux et tous ses bagages. Un de ses beys fut aussi repoussé du côté des Pyramides, par le général Murat, et tous les Arabes qui flanquaient son corps furent dispersés.

Bonaparte se dirigea sur les Pyramides, à la tête de ses guides et de plusieurs compagnies de grenadiers, il espérait couper les communications de Mourad-Bey; mais quand son avant garde arriva au pied des hauteurs de Fayum, le bey les avait franchies.

Tandis que le général en chef poursuivait son entreprise, un courier vint lui apprendre que cent voiles turques avaient mouillé le 11 juillet dans la rade d'Aboukir. Un second courier lui annonça que 3,000 Turcs, débarqués sur le rivage de la presqu'île, avait enlevé de vive force la redoute et les forts d'Aboukir. Il donna sur-le-champ l'ordre aux généraux qui l'accompagnaient de se réunir sur la rive gauche du Nil. Rahmanié fut le lieu du rendez-vous.

Du 20 au 21 juillet, le pont désigné pour le rassemblement vit arriver l'avant-garde de Murat, formée de sa cavalerie et des grenadiers; une partie de la division de Lannes et de celle de Rampon; une colonne que le général Menou avait dirigée sur Natron; enfin l'artillerie et le quartier-général. Le général Dessaix concerta ses moyens avec les commandans Regnier et Dugua; il fortifia Cosséir-Kené, et sur tous les points on se mit au niveau des évènemens qui semblaient se préparer.

Le général Menou reçut plusieurs renforts pour couvrir l'armée, et le général Kléber se porta sur Rosette, où l'on craignait que l'ennemi ne se dirigeât d'abord, pour attaquer ensuite Alexandrie. Cependant les Turcs paraissaient attendre de nouveaux corps pour former l'investissement de cette ville, et ne pas se fier à leurs forces présentes, quoiqu'ils fussent au nombre de 15,000.

Bonaparte campa à Birket, pour se mettre à portée de suivre les mouvemens de Séid-Pacha et s'opposer à l'arrivée des secours que les Mameloucks lui faisaient passer. Cependant il quitta cette position et se rendit aux Puits, lieu situé entre Aboukir et Alexandrie, et dans lequel l'armée était rassemblée.

Le quartier-général de l'armée française était alors à Alexandrie, que le général Marmont avait mis en état de défense.

Le général Kléber, parti de Damiette, suivait le mouvement de l'armée, et arrivait à Fouah, tandis que le général Menou s'avançant entre Rosette et Aboukir, canonnait les embarcations des Turcs sur le lac de Mahadié.

Musthapha-Pacha bouchait la presqu'île par deux lignes, dont la première, postée à un quart de lieue d'Aboukir, était appuyée au bord de la mer à des retranchemens défendus par 1000 hommes de troupes réglées : cette ligne était séparee de la seconde par plusieurs chaloupes canonnières. La seconde plus forte et plus avantageusement postée, se trouvait à 300 toises en arrière du premier village. Le centre occupait la redoute qui nous avait été enlevée lors du débarquement; 7000 hommes et 12 pièces de canon protégeaient cette seconde ligne. L'escadre était mouillée au large dans la rade d'Aboukir.

L'armée française avait reçu plusieurs renforts : une colonne commandée par le général Destaing était venue se joindre à la cavalerie de Murat, et 400 cavaliers de la division de Dessaix étaient arrivés peu de tems après à la position des Puits.

Le 25 juillet, à la pointe du jour, différentes divisions se mirent en marche. Une forte colonne à la tête de laquelle était le général Destaing, s'avança à l'avant-garde. Le général Lannes forma la droite avec sa division, tandis que le général

néral Lanusse étendait la sienne sur la gauche. La division Kléber, qu'on jugeait devoir être à peu de distance, formait la réserve. A peine les deux armées furent-elles en présence, que les généraux Destaing et Lannes prirent les devant, le premier pour enlever à la baïonnette la hauteur à laquelle était appuyée la droite des Turcs, l'autre pour dépasser leur extrême gauche. Bientôt le général Murat marcha droit au centre et déploya sa cavalerie sur les ailes attaquées, pour leur couper toute retraite. Ces mouvemens eurent un succès complet : la première ligne, enfoncée par Murat, ne put obliquer d'aucun côté qu'elle tombât sur les baïonnettes de Lannes et de Destaing, et sa perte fut infaillible : tous les Turcs qui la composaient furent ou noyés ou taillés en pièces. Quelques fuyards seulement parvinrent au premier village qui fut emporté et détruit. Déjà l'affaire était décidée et le pacha ne possédait plus que 8 à 9000 hommes en état de se défendre. Bonaparte disposa l'attaque de la seconde ligne sur le même plan que celle de la première; il fit passer sa cavalerie à droite, pour enfoncer la la gauche des Turcs, tandis qu'une infanterie nombreuse culbuterait leur droite : un corps fut mis en réserve pour marcher sur la redoute et livrer l'assaut quand les deux ailes seraient ébranlées.

Bonaparte fit d'abord canonner la redoute et ne laissa marcher ses colonnes que lorsqu'il crut l'ennemi affaibli par un sentiment de terreur; mais les Turcs n'étaient point découragés, et ils sortirent de leurs retranchemens pour engager le combat : on se battit corps à corps; la lutte fut opiniâtre. Les Turcs cependant furent repoussés.

La cavalerie fit plier la droite. L'adjudant général Leturc se mit à la tête de l'infanterie, se précipita sur les retranchemens, et périt entre les bras de la victoire. La redoute fut alors attaquée; le général Lannes à la tête de deux bataillons, s'avança jusqu'aux fossés, que les 22ᵉ et 69ᵉ demi brigades franchirent sans recourir aux fascines. A peine sur l'autre bord, elles gravirent avec la même impétuosité le parapet, et emportèrent l'ouvrage. Bientôt l'ennemi fut en pleine déroute, et nos troupes, victorieuses sur tous les points, enlevèrent un grand nombre d'étendards : Murat chargea jusqu'au pied du fort d'Aboukir, et les fuyards n'ayant plus de refuge se précipitèrent dans les flots. La victoire d'Aboukir coûta beaucoup de sang aux Français.

Les Turcs qui gardaient le fort d'Aboukir reçurent le lendemain une première sommation; ils ne firent pas de réponse, ne pouvant concevoir qu'on se rendît les armes à la main. Il se mirent en état de défense, et leurs canons répondirent pendant huit jours au feu de nos batteries. Les batteries de brêche furent bientôt établies sur la contrescarpe. La brêche était ouverte. Le château n'était plus qu'un monceau de ruines; les assiégés se virent contraints à capituler : 2,000 hommes qui restaient encore dans le fort, jetèrent bas leurs armes, et le fils du pacha sortit pour signer l'acte de reddition. On trouva dans le fort d'Aboukir 1,800 cadavres.

Bonaparte retourna à Alexandrie le lendemain de la bataille d'Aboukir ; il venait d'apprendre la défaite de nos armées en Italie et sur le Rhin ; il était instruit de la lutte des factions qui désolaient la France. Il crut le moment favorable pour se présenter au peuple et compta sur quelques partisans qui lui envoyaient de secrètes instructions, et sur la légèreté de la multitude, qui, dans une situation critique, embrasse toujours avec avidité le parti qui lui offre des espérances nouvelles. Déterminé à retourner en Europe, il trouva dans la victoire d'Aboukir un grand avantage, celui de pouvoir suspendre les opérations militaires d'une expédition qui semblait terminée, et de faire voile vers la France.

Il se rendit au Caire pour régler quelques branches de l'administration qu'il y avait établies, et satisfit encore au peuple en protégeant toujours par le même respect ses cérémonies religieuses ; il récompensa plusieurs chefs de la sage conduite qu'ils avaient observée, et fit réparer avec un grand soin les fortifications qui étaient endommagées.

Bonaparte confia à Berthier ses espérances et ses inquiétudes : ce général lui conseilla de s'avancer hardiment dans la brillante carrière qui s'ouvrait devant lui. Le général en chef résolut aussitôt d'abandonner son armée et de retourner en France. L'amiral Ganteaume reçut l'ordre de se préparer à mettre à la voile avec deux frégates, un aviso et une tartanne. Les généraux Marmont, Lanne, Murat, Andréossi, les savans Monge et Berthollet, et le chef de brigade Bessières, furent associés à ses desseins, sans cependant les connaître; ils reçurent des billets cachetés, qu'ils ne devaient ouvrir que le 22 août, à telle heure et sur tel point du rivage : ils y trouvèrent l'ordre de s'embarquer sur-le-champ et sans se permettre aucune communication. Le général Kléber, auquel le général en chef laissa le commandement, reçut aussi un paquet dont le scellé ne devait être rompu que vingt-quatre heures après le départ des bâtimens. Dessaix resta à la tête du gouvernement de la Haute-Egypte.

Le 24 août, l'embarquement achevé et les guides montés sur leurs vaisseaux avec leur général, la petite escadre sortit de la rade d'Aboukir et fit voile pour l'île de Corse. En quittant Ajaccio, où elle avait relâché, elle fut menacée par plusieurs bâtimens anglais; l'amiral Gantheaume voulait virer le bord vers la Corse : « Non, lui dit Bonaparte, suivons mon étoile. » Le 14 octobre, après avoir évité quelques croisières, il entra dans le port de Fréjus.

Nous allons transcrire ici une partie de la lettre que Bonaparte avait laissée au général Kléber, et qui ne devait être décachetée que 24 heures après son départ, ainsi qu'une partie d'une autre lettre envoyée par le général Kléber au Directoire de la république. En comparant ces deux monumens historiques, on verra dans quel rapport se trouvaient ces deux généraux : on s'apercevra de la jalousie que Bonaparte portait à Kléber, dont il estimait les hautes qualités, mais dont il redoutait la franchise politique.

Lettre de Bonaparte au général Kléber.

Alexandrie, 5 fructidor, an 8,
(23 août 1799.)

« Vous trouverez ci-joint, général, un ordre pour prendre le commandement de l'armée. La crainte que la croisière anglaise ne paraisse d'un moment à l'autre, me fait précipiter mon voyage de deux ou trois jours....

« Vous trouverez ci-joints tous les papiers anglais et de Francfort, jusqu'au 10 juin; vous y verrez que nous avons perdu l'Italie, que Mantoue, Turin et Tortone sont bloqués. J'ai lieu de croire que la première de ces places tiendra jusqu'au mois de novembre; j'ai l'espérance, si la fortune me sourit, d'arriver en Europe avant le commencement d'octobre.

« Vous trouverez ci-joint un chiffre pour

correspondre avec le gouvernement, et un autre pour correspondre avec moi.

« Je vous prie de faire partir, dans le courant d'octobre, Junot, ainsi que les effets que j'ai laissés et mes domestiques. Cependant, je ne trouverais pas mauvais que vous engageassiez à votre service tous ceux qui vous conviendraient.

« L'intention du gouvernement est que le général Dessaix parte pour l'Europe dans le courant de novembre, à moins d'événemens majeurs.

« La commission des arts passera en France avec un parlementaire que vous demanderez à cet effet, conformément au cartel d'échange, dans le courant de novembre, immédiatement après qu'ils auront achevé leur mission : ils sont en ce moment-ci occupés à ce qui reste à faire pour visiter la Haute-Égypte. Cependant, ceux que vous jugerez pouvoir vous être utiles, vous les mettrez en réquisition sans difficulté.

« L'effendi prisonnier à Aboukir est parti

pour se rendre à Damiette. Je vous ai écrit de l'envoyer en Chypre; il est porteur, pour le grand-visir, de la lettre dont vous trouverez copie ci-jointe.

« L'arrivée de notre escadre à Toulon, venant de Brest, et de l'escadre espagnole à Carthagène, ne laisse aucune espèce de doute sur la possibilité de faire passer en Egypte les fusils, sabres et fers coulés dont vous aurez besoin, et dont j'ai l'état le plus exact, avec une quantité de recrues suffisante pour réparer la perte de deux campagnes. Le gouvernement vous fera alors connaître ses intentions, et moi, homme public ou particulier, je prendrai des mesures pour vous faire avoir fréquemment des nouvelles.

« Si par des événemens incalculables, toutes les tentatives étaient infructueuses, et qu'au mois de mai vous n'eussiez reçu aucuns secours ni nouvelles de France; si cette année, malgré toutes les précautions, la peste était en Egypte et que vous perdiez plus de 1,500 soldats, perte considérable, puisqu'elle serait en sus de celle que les événemens de la guerre occasionnent journellement, je dis que, dans ce cas, vous ne devez pas vous hasarder à soutenir la campagne prochaine, et que vous êtes autorisé à conclure la paix avec la Porte Ottomane, quand même l'évacuation de l'Egypte devrait en être la condition principale ; il faudrait seulement éloigner l'exécution de cet ordre, si cela était possible, jusqu'à la paix générale.

« Vous savez aussi bien que personne, citoyen général, combien la possession de l'Egypte est importante pour la France ; l'empire turc, qui menace ruine de tous côtés, s'écroule aujourd'hui, et l'évacuation de l'Egypte par la France serait un malheur d'autant plus grand que nous verrions de nos jours cette belle province passer en d'autres mains européennes.

« Les nouvelles des revers ou des succès qu'aurait la république en Europe, doivent influer puissamment dans vos calculs. Si la Porte répondait aux ouvertures de paix que je lui ai faites, avant que vous n'eussiez reçu des nouvelles de France, vous devez déclarer que vous avez tous les pouvoirs pour continuer la négociation que j'ai entamée. Persistez toujours dans la condition que j'ai avancée ; faites lui connaître que l'intention de la France n'a jamais été d'enlever l'Egypte à la Porte demandez que la Porte sorte de la coalition et nous accorde le commerce de la mer Noire ; qu'elle mette en liberté les Français prisonniers, et six mois de suspension d'hostilités ; enfin que pendant cet intervalle les échanges de ratification peuvent avoir lieu.

« Supposant que les circonstances soient telles que vous croyiez devoir conclure le traité avec la Porte, vous feriez sentir que vous ne pouvez le mettre à exécution qu'il ne soit ratifié, suivant l'usage de toutes les nations. L'intervalle entre la signature doit toujours être une suspension d'hostilités.

« Vous connaissez quelle est ma manière de voir la politique de l'Egypte. Quelque chose que vous fassiez, les chrétiens seront toujours pour nous ; il faut les empêcher d'être trop insolens, afin que les Turcs n'aient pas contre nous le même fanatisme qu'ils ont contre les chrétiens, ce qui nous les rendraient irréconciliables ennemis ; il faut endormir le fanatisme, en attendant qu'on puisse le déraciner. En captivant l'opinion des grands cheiks du Caire, on a l'opinion de toute l'Egypte et de tous les chefs de ce peuple. Il n'y a rien de plus dangereux pour nous que ces cheicks peureux et pusillanimes, qui ne savent pas se battre, et qui, semblables à tous les prêtres, imposent le fanatisme sans être fanatiques.

« Quant aux fortifications d'Alexandrie et d'El-A'rich, elles sont les deux clefs de l'Egypte. J'avais le projet de faire établir, cet hiver, des redoutes de palmiers ; deux depuis Salahié jusqu'à Kathié, et deux de Kathié à El-A'rich. Une de ces dernières se serait trouvée dans l'endroit où le général Menou a trouvé l'eau potable.

« Le général de brigade Samson, commandant le génie, le général Songis, commandant

mandant l'artillerie, vous mettront au fait, chacun en ce qui concerne son arme. Le citoyen Poussielgue a été exclusivement chargé des finances : je l'ai reconnu travailleur et homme de mérite; il commençait à avoir quelques renseignemens sur l'administration du pays.

« J'avais le projet, si aucun événement ne survenait, de chercher les moyens d'établir cet hiver un nouveau système d'impositions, qui aurait à-peu-près permis de se passer des Cophtes. Cependant, avant de l'entreprendre, je vous conseille de réfléchir long-temps, il vaut mieux entreprendre un jour trop tard qu'un jour trop tôt.

« Des vaisseaux de guerre paraîtront indubitablement cet hiver à Alexandrie, ou à Bourlos, ou à Damiette. Faites construire une tour ou une batterie à Bourlos; tâchez de réunir cinq ou six cents Mamelucks, que, lorsque ce jour sera arrivé, vous ferez arrêter dans un jour au Caire ou dans toute autre province, et embarquer pour la France; à défaut de Mame-

Egypte. E

loucks, des ôtages d'Arabes, des cheiks Elbeled, qui, pour une raison quelconque, seront arrêtés pour y suppléer. Ces individus, arrivés en France, y seront retenus un ou deux ans, verront la grandeur de notre nation, prendront une idée de nos mœurs et de notre langue, et, de retour en Egypte, nous formeront autant de partisans.

« La place importante que vous allez occuper va vous mettre à même de déployer les talens que la nature vous a donnés. L'intérêt de ce qui se passe ici est vif, et les résultats en seront immenses sur le commerce et la civilisation ; ce sera l'époque d'où dateront de grandes révolutions.

« J'avais déjà demandé plusieurs fois une troupe de comédiens ; je prendrai un soin particulier d'en envoyer. Cet article est important pour l'armée et pour commencer les mœurs du pays.

« Accoutumé à ne recevoir les peines et les privations de la vie que de l'opinion de la postérité, j'abandonne l'Egypte avec le plus grand regret. L'intérêt de la patrie, sa gloire, l'obéissance, les événemens extraordinaires qui viennent de se passer, me décident à traverser les escadres ennemies pour me rendre en Europe. Je serai d'esprit et de cœur avec vous; vos succès me seront aussi chers que ceux où je me trouverai moi-même, et je regarderai comme mal employés les jours de ma vie où je ne ferai pas quelque chose pour vous. Consolidez le magnifique établissement dont les fondemens viennent d'être jetés.

« L'armée que je vous confie est toute composée de mes enfans. J'ai eu dans tous les tems, même au milieu de leurs plus grandes peines, des marques de leur attachement. Entretenez-les dans les mêmes sentimens; vous le devez pour l'amitié et l'estime toute particulière que j'ai pour vous, et l'attachement que je vous porte.

« *Signé*, le général en chef, BONAPARTE. »

Lettre du général Kléber au directoire exécutif en France.

Au quartier-général du Caire, le 4 vendémiaire an 8.
(26 septembre 1799.)

« Citoyens directeurs,

« Le général Bonaparte est parti pour la France le 6 fructidor au matin, sans en avoir prévenu personne. Il m'avait donné rendez-vous à Rosette le 7 ; je n'y ai trouvé que ses dépêches. Dans l'incertitude si le général a eu le bonheur de passer, je crois devoir vous envoyer copie et de la lettre par laquelle il me donna le commandement de l'armée, et de celle qu'il adressa au grand visir, à Constantinople, quoiqu'il sût parfaitement que ce pacha était arrivé à Damas.

« Mon premier soin a été de prendre une connaissance exacte de la situation actuelle de l'armée.

« Vous savez, citoyens directeurs, et vous êtes à même de vous faire représenter l'état de sa force lors de son arrivée en Egypte ; elle est réduite de moitié, et nous occupons tous les points capitaux du triangle des cataractes à El-A'rich, d'El-A'rich à Alexandrie, et d'Alexandrie aux cataractes. Cependant il ne s'agit plus aujourd'hui, comme autrefois, de lutter contre quelques hordes de Mamelouks découragés, mais de combattre et de résister aux efforts réunis de trois grandes puissances, la Porte, les Anglais et les Russes. Le dénuement d'armes, de poudre de guerre, de fer coulé et de plomb, présente un tableau tout aussi alarmant que la grande et subite diminution d'hommes dont je viens de parler : les essais de fonderie n'ont pas réussi ; la manufacture de poudre établie à Raouda n'a pas encore donné et ne donnera probablement pas le résultat qu'on se flattait d'en obtenir ; enfin la répartition des armes à feu est lente, et il faudrait, pour activer tous ces établissemens, des moyens et des fonds que nous n'avons pas.

« Les troupes sont nues ; et cette absence de vêtemens est d'autant plus fâcheuse, qu'il est reconnu que, dans ce pays, elle est une des causes des dyssenteries et des ophtalmies, qui sont des maladies constamment régnantes. La première surtout a agi cette année puissamment sur des corps affaiblis et épuisés par les fatigues. Les officiers de santé remarquent et rapportent constamment que, quoique l'armée soit si considérablement diminuée, il y a cette année un plus grand nombre de malades que l'année dernière, à la même époque.

« Le général Bonaparte, avant son départ, avait, à la vérité, donné des ordres pour habiller l'armée en drap; mais, pour cet objet, comme pour beaucoup d'autres, il s'en est tenu là, et la pénurie des finances, qui est un nouvel obstacle à combattre, l'eût mis dans la nécessité, sans doute, d'ajourner l'exécution de cet utile projet. Il faut en parler de cette pénurie.

« Le général Bonaparte a épuisé toutes les ressources extraordinaires dans les premiers mois de notre arrivée. Il a levé autant de contributions de guerre que le pays pouvait en supporter. Revenir aujourd'hui à ces moyens, alors que nous sommes au dehors entourés d'ennemis, doit préparer un soulèvement à la première occasion favorable. Cependant Bonaparte, à son départ, n'a pas laissé un sou en caisse, ni aucun objet équivalent ; il a laissé au contraire un arriéré de près de 12 millions : c'est plus que le revenu d'une année dans la cirsonstance actuelle. La solde arriérée pour toute l'armée se monte à 4 millions.

« L'inondation rend impossible en ce moment le recouvrement de ce qui reste dû sur l'année qui vient d'expirer, et qui suffirait à peine pour la dépense d'un mois : ce ne sera donc qu'au mois de frimaire qu'on pourra recommencer la perception, et alors, il n'en faut pas douter, on ne pourra pas s'y livrer, parce qu'il faudra combattre.

« Enfin le Nil étant, dans cette année, très-mauvais, plusieurs provinces, faute d'inondations, ont offert des non-valeurs auxquelles on ne pourra se dispenser d'avoir égard.

« Tout ce que j'avance ici, citoyens directeurs, je puis le prouver, et par des procès-verbaux et par des états certifiés des différens services.

« Quoique l'Egypte soit tranquille en apparence, elle n'est rien moins que soumise. Le peuple est inquiet, et ne voit en nous, quelque chose que l'on puisse faire, que des ennemis de sa propriété; son cœur est sans cesse ouvert à l'espoir d'un changement favorable.

« Les Mameloucks sont dispersés, mais ils ne sont pas détruits. Mourad-Bey est toujours dans la Haute-Egypte, avec assez de monde pour occuper sans cesse une partie de nos forces; si on l'abandonnait un moment, sa troupe se grossirait bien vîte, et il viendrait nous inquiéter, sans doute jusque dans la capitale; qui, malgré la plus grande surveillance, n'a cessé jusqu'à ce jour de lui procurer des secours en argent et en armes.

« Ibrahim-Bey est à Gazah avec environ 2,000 Mameloucks, et je suis informé que 30,000 hommes de l'armée du grand-visir et de Djezzar-Pacha y sont déjà arrivés.

« Le grand-visir est parti de Damas il y a vingt jours environ, il est actuellement campé auprès d'Acre.

« Telle est, citoyens directeurs, la situation dans laquelle le général Bonaparte m'a laissé l'immense fardeau de l'armée d'Orient. Il voyait la crise fatale s'approcher; vos ordres sans doute ne lui ont pas permis de la surmonter. Que cette crise existe, ses lettres, ses instructions, sa négociation en font foi. Elle est de notoriété publique, et nos ennemis semblent aussi peu l'ignorer que les Français qui se trouvent en Egypte.

« Si cette année, me dit le général Bonaparte, malgré toutes les précautions, la peste était en Egypte, et que vous perdissiez plus de quinze cents soldats, perte considérable, puisqu'elle serait en sus de celle que les évènemens de la guerre occasionneraient journellement; je dis que, dans ce cas, vous ne devez pas vous hasarder à soutenir la campagne prochaine, et que vous êtes autorisé à conclure la

E 5

paix avec la Porte Ottomane, quand même l'évacuation de l'Egypte en serait la condition principale.

« Je vous fais remarquer ce passage, citoyens directeurs, parce qu'il est caractéristique sous plus d'un rapport, et qu'il indique surtout la situation critique dans laquelle je me trouve.

« Que peuvent être 1,500 hommes de plus ou de moins dans l'immensité de terrain que j'ai à défendre, et sur lequel il me faut journellement combattre ?

« Le général dit ailleurs : « Alexandrie et El-A'rich, voilà les deux clefs de l'Egypte ». El-A'rich est un méchant fort à 4 journées dans le désert. La grande difficulté de l'approvisionnement ne permet pas d'y jeter une garnison de plus de 250 hommes; 600 Mamelouks et Arabes pourront, quand ils le voudront, intercepter sa communication avec Kathié, et comme lors du départ de Bonaparte cette garnison n'avait pas pour quinze jours de vivres en avance, il ne faudrait pas plus de tems pour l'obliger à se rendre sans coup férir. Les Arabes seuls étaient dans le cas de faire des convois soutenus dans les brûlans déserts; mais, d'un côté, ils ont été tant de fois trompés, que, loin de nous offrir leurs services, ils s'éloignent et se cachent; d'un autre côté, l'armée du grand visir qui enflamme leur fanatisme et leur prodigue des dons, contribue d'autant à nous faire abandonner.

« Alexandrie n'est point une place, c'est un vaste camp retranché; il était, à la vérité, assez bien défendu par une nombreuse artillerie de siége; mais depuis que nous l'avons perdue cette artillerie, dans la campagne de Syrie, depuis que le général Bonaparte a retiré toutes les pièces de marine pour armer au complet deux frégates avec lesquelles il est parti, ce camp ne peut plus offrir qu'une faible résistance.

« Le général Bonaparte, enfin, s'est fait illusion sur l'effet que devait produire ce succès qu'il a obtenu au poste d'Aboukir. Il a en effet détruit la presque totalité des Turcs qui avaient débarqué; mais qu'est-ce qu'une perte pareille pour une grande nation à laquelle on a ravi la plus belle portion de son empire, et à qui la religion, l'honneur et l'intérêt prescrivent également de se venger, et de conquérir ce qu'on avait pu leur enlever? Aussi cette victoire n'a-t-elle pas retardé d'un instant ni les préparatifs, ni la marche du visir.

« Dans cet état de choses, que puis-je, que dois-je faire? Je pense que c'est de continuer les négociations entamées par Bonaparte; quand elles ne donneraient d'autres résultats que celui de gagner du tems, j'aurais déja lieu d'être satisfait. Vous trouverez ci-joint la lettre que j'écris en conséquence au grand-visir, en lui envoyant le duplicata de celle de Bonaparte. Si ce ministre répond à ces avances, je lui proposerai la restitution de l'Égypte aux conditions suivantes :

« Le grand-seigneur y établira un pacha comme par le passé.

« On lui abandonnerait le *Miri*, que la Porte a toujours perçu de droit et jamais de fait.

« Le commerce serait ouvert réciproquement entre l'Égypte et la Syrie.

« Les Français demeureraient dans le pays, occuperaient les places et les forts, et percevraient tous les autres droits avec ceux des douanes, jusqu'à la paix du gouvernement avec l'Angleterre.

« Si ces conditions préliminaires étaient acceptées, je croirais avoir fait plus pour la patrie qu'en obtenant la plus éclatante victoire ; mais je doute que l'on veuille prêter l'oreille à ces propositions. Si l'orgueil des Turcs ne s'y opposait point, j'aurais à combattre l'influence des Anglais. Dans tous les cas, je me guiderai d'après les circonstances.

« Je connais toute l'importance de la possession de l'Égypte : je disais en Europe qu'elle était pour la France le point d'appui par lequel elle pourrait réunir le système de commerce des quatre parties du monde ; mais, pour cela, il faut un puissant levier ; ce levier, c'est la marine ; la nôtre a existé ; depuis lors tout a changé, et la paix avec la Porte peut seule, ce me semble, nous offrir une voie honorable pour nous tirer d'une entreprise qui ne peut plus atteindre l'objet qu'on avait pu s'en proposer.

« Je n'entrerai point, citoyens directeurs, dans le détail de toutes les combinaisons diplomatiques que la situation actuelle de l'Europe peut offrir ; elles ne sont point de mon ressort.

« Dans la détresse où je me trouve, et trop éloigné du centre de mes mouvemens, je ne puis guère m'occuper que du salut et de l'honneur de l'armée que je commande; heureux si, dans mes sollicitudes, je réussis à remplir vos vœux ! Plus rapproché de vous, je mettrais toute ma gloire à vous obéir.

« Je joins ici, citoyens directeurs, un état exact de ce qui nous manque en matériel pour l'artillerie, et un tableau sommaire de la dette contractée et laissée par Bonaparte.

« *Signé*, KLÉBER. »

P. S. « Au moment où je vous expédie

cette lettre, quatorze ou quinze voiles turques sont mouillées devant Damiette, attendant la flotte du capitan-pacha, mouillée à Jaffa, et portant, dit-on, 15 à 20 mille hommes de débarquement; 15 autres mille hommes sont encore réunis à Gahzah, et le grand-visir s'achemine de Damas. Il nous a envoyé ces jours derniers un soldat de la 25ᵉ demi-brigade, fait prisonnier à El-A'rich; après lui avoir fait voir tout le camp, il lui a intimé de dire à ses compagnons ce qu'il avait vu, et à leur général de trembler.

« Quant à moi, il me serait de toute impossibilité de réunir plus de 5 mille hommes en état d'entrer en campagne : nonobstant ce, je tenterai la fortune, si je ne puis parvenir à gagner du tems par des négociations. Djezzar a retiré ses troupes de Gazhah et les a fait revenir à Acre.

« *Signé*, Kléber. »

On voit par ces lettres combien était désastreuse la position de l'armée.

La nouvelle du départ du général en

chef sema l'alarme dans tout le camp; mais la haute réputation de Kléber et son mérite reconnu, calmèrent toutes les inquiétudes.

Kléber ne voyant arriver de France aucunes nouvelles, aucun secours, tenta plusieurs fois d'ouvrir une négociation avec la sublime Porté: il ne pensait plus à attaquer les Turcs, quand une attaque imprévue le força à la défensive : 8,000 janissaires conduits par le commodore anglais Sidney-Smith, et embarqués sur 53 vaisseaux de toutes grandeurs, se jetèrent sur la côte de Damiette à la tour de Bougase, dont ils s'emparèrent le 29 octobre. Le général Verdier, qui n'avait que 1,000 hommes sous ses ordres, les culbuta au moment du débarquement, leur prit 800 hommes, leur en tua deux mille et leur enleva, avec leurs magasins et leurs canons, 32 drapeaux.

Cet avantage en produisit un en apparence plus grand, celui d'entamer une négociation. Le commodore Sidney-Smith reçut les dépêches du général Kléber, y répondit, et l'on signa de part et d'autre un traité, connu sous le nom de convention d'El-A'rich. Dans ces préliminaires d'une paix future entre la France d'une part, et les trois puissances coalisées, la Turquie, la Russie et l'Angleterre de l'autre, il était arrêté que l'armée française évacuerait l'Egypte dans un tems prescrit. Kléber, satisfait des conditions honorables qu'il avait obtenues pour l'armée se hâta de donner aux puissances contractantes une garantie de ses promesses, retirant ses troupes de Kathié, de Salahié et même des retranchemens qu'elles possédaient à une lieue et demie du Caire.

A peine les Français s'étaient-ils empressés d'obéir au traité, qu'ils reçurent une preuve nouvelle de la fausseté de la nation anglaise. Un secrétaire du commodore vint apporter au général français une lettre du commandant en chef des forces maritimes anglaises alors dans la Méditerranée, qui déclarait le traité non avenu, et annonçait la soudaine rupture de l'armistice. Ainsi les préliminaires signés par le commodore n'était qu'un moyen adroit de faire sortir nos troupes de la ligne qu'elles occupaient (1).

Kléber mit à l'ordre de l'armée la lettre du commandant de la flotte anglaise, et écrivit au-dessous ces mots :

« Soldats ! on ne répond à de telles insolences que par la victoire ! préparez-vous à combattre ».

Après de vaines tentatives pour renouer les négociations interrompues, Kléber se disposa à livrer bataille devant les ruines de l'antique Héliopolis ; mais pour ne point manquer aux formes exigées par les lois militaires, il adressa au visir la lettre suivante :

« L'armée dont le commandement m'est confié ne trouve point dans les propositions qui m'ont été faites de la part de votre altesse, une garantie suffisante contre les prétentions injurieuses et l'opposition formelle du gouvernement anglais à l'exé-

---

(1) Que penser d'une nation pour qui rien n'est sacré au monde ;

...ution de notre traité ; en conséquence, il a été résolu, au conseil de guerre, que ces propositions seraient rejetées, et que sa ville du Caire, ainsi que ses forts, demeureraient occupés par les troupes françaises jusqu'à ce que j'aie reçu du commandant en chef de la flotte anglaise dans la Méditerranée, une lettre directement contraire à celle qu'il m'a adressée le 8 janvier, et que j'aie entre les mains les passe-ports signés par ceux qui ont le droit d'en accorder ; d'après cela, toutes conférences ultérieures entre nos commissaires deviennent inutiles, et les deux armées doivent se considérer comme en état de guerre. La loyauté que j'ai apportée dans l'exécution ponctuelle de nos conventions donnera à votre altesse la mesure du regret que me fait éprouver une rupture aussi extraordinaire dans ces circonstances, que contraire aux intérêts de la sublime Porte et de la république française. J'ai assez prouvé combien j'étais pénétré du désir de voir renaître les liaisons d'intérêt et d'amitié qui unissaient depuis si long-tems les deux puissances ; j'ai tout fait pour rendre manifeste la pureté de mes intentions, toutes les nations y applaudiront, et Dieu soutiendra par la victoire la justice de ma cause. Le sang que nous sommes prêts à répandre rejaillira sur les auteurs de cette nouvelle dissention. Je préviens aussi votre altesse que je garderai comme ôtage, à mon quartier-général, Son Excellence Mustapha-Pacha, jusqu'à ce que le général Galbaud, retenu à Damiette, soit rendu à Alexandrie avec sa famille et sa suite, et qu'il ait pu me rendre compte du traitement qu'il a éprouvé des officiers de l'armée ottomane. La sagesse acoutumée de votre altesse lui fera distinguer aisément de quelle part viennent les nuages qui s'élèvent ; mais rien ne pourra altérer la haute considération et l'amitié bien sincère que j'ai pour elle.

KLÉBER. »

Toute la nuit fut employée aux préparatifs du combat qu'on devait livrer le lendemain : le général Kléber se rendit dans la plaine de la Coubé, où se trouvait déjà une partie des troupes; les autres arrivèrent successivement et se rangèrent en bataille. Les soldats étaient pleins de gaîté et d'espoir; le général compta sur le succès.

L'armée fut disposée par carrés, et l'on suivit encore une tactique à laquelle plusieurs fois nous avions dû de grands succès. Le général Friant commanda la droite, et le général Regnier la gauche. Le général Leclerc se plaça au centre à la tête de la cavalerie disposée par colonnes; au centre aussi se trouvait réunie l'artillerie que les sapeurs armés de fusils et les grenadiers défendaient. Le général Songis commandait cette arme; les généraux Béliard et Donzelot devaient diriger les brigades de droite, les généraux Robin et Lagrange celles de gauche.

Les Turcs étaient rassemblés entre El-Hanka et le village d'Abouzabel, au nombre de 60,000, sous les ordres du visir: le quartier-général de Nassif-Pacha était à Matharié; 600 janissaires le défendaient.

Les avant-postes se prolongeaient à droite jusqu'au Nil, à gauche jusqu'à la mosquée de Sibelli-Hassem.

A trois heures notre armée se mit en marche : l'aile droite arriva au point du jour au pied de la mosquée Sibelli-Hassem, et quelques coups de canon obligèrent six cents hommes de cavalerie turque à se replier ; les deux carrés de la gauche venaient d'ariver devant le village de Matharié ; la droite poussa jusqu'à Héliopolis, pour couper la retraite aux troupes ennemies.

Pendant que ces mouvemens étaient exécutés, Kléber distinguait un corps de cavalerie et d'infanterie turques qui se dirigeait sur le Caire, après avoir fait un grand détour dans les terres cultivées. Les guides chargèrent cette colonne, mais ils furent enveloppés, et le combat leur eût été funeste si le 22e et le 14e de dragons n'eussent volé à leur secours. Ce renfort accabla l'ennemi, qui prit la fuite sur le Caire et s'éloigna à perte de vue.

Le général Regnier commença alors

attaque sur Matharié. Des compagnies de grenadiers mises en réserve reçurent l'ordre d'emporter ce village, et s'avancèrent au pas de charge pour l'exécuter: les janissaires sortirent de leurs retranchemens, attaquèrent la colonne à l'arme blanche, et un combat terrible s'engagea. Le carnage fut affreux. Les janissaires, arrêtés de front par le feu des grenadiers, et mitraillés sur le flanc par la colonne de droite, tombèrent sous nos baïonnettes et restèrent sur la place. Bientôt les fossés, comblés de morts et de blessés, n'empêchent plus de franchir les retranchemens: drapeaux, pièces d'artillerie, queues de pachas, effets de campagne, tout reste en notre pouvoir. Une partie de l'infanterie se réfugie dans les maisons, et périt dans les flammes; une autre tombe sous le feu de la division Friant. L'ennemi, en pleine déroute sur tous les points, prend la fuite à travers le désert, et les Français, vainqueurs à la bataille d'Héliopolis, se mirent à sa poursuite.

Cependant les Turcs reprirent courage,

et tandis que Nassif-Pacha amusait Kléber par la demande d'une suspension d'armes et feignait de vouloir parlementer, l'armée ottomane vint se poster entre les deux villages de Séricaurt et d'El-Marck, et des tirailleurs répandus dans le bois attaquèrent la division du général Friant. Kléber fit alors reprendre à l'armée son premier ordre de bataille : nos pièces d'artillerie firent taire celles de l'ennemi, et le quartier du visir fut couvert d'obus et de boulets. Enfin, on s'approcha assez pour en venir aux mains : le carré de droite, où commandait le général Friant, fut le premier engagé ; les Turcs s'élancèrent sur nos rangs avec une impétuosité extrême ; mais, incapables de répéter plusieurs fois cette brusque attaque, ils ne purent soutenir le choc et prirent honteusement la fuite : les Français les poursuivirent l'épée dans les reins, malgré les gerçures occasionnées par le retrait des eaux, et qui, coupant le terrain en plusieurs endroits, rendaient la marche pénible. Le visir, chassé

chassé du village d'El-Marck, se porta sur El-Hanka. Il fut débusqué de cette seconde position, et l'armée, après tant de fatigues, se reposa dans le village au milieu du butin qu'il avait abandonné dans le désordre d'une retraite précipitée.

Kléber ne cessa de poursuivre les Ottomans que lorsqu'au-delà de Salahié il les vit diriger leur route vers la Syrie. Il revint alors au Caire, où il trouva tout dans une horrible confusion : les habitans avaient une seconde fois secoué le joug, et nos soldats furent contraints de combattre, leur général ayant vainement tenté toute espèce de négociation. La ville de Boulac avait levé la première l'étendart de la révolte; Boulac fut attaquée et forcée à la baïonnette : le pillage, l'incendie, le massacre furent affreux, et c eterrible exemple épouvanta les autres villes, qui rentrèrent dans la soumission. Kléber eut une entrevue avec Mourad-Bey; ils se jurèrent une éternelle alliance, que Mourad observa jusqu'à sa mort. Le bey placé par le général, était tributaire et gouvernait la Haute-Egypte au nom de l'armée française.

Le Caire fut soumis à de nouveaux impôts, et malgré le taux immodéré des perceptions, les habitans gardèrent une passive tranquillité. La nouvelle des derniers évenemens arrivés en France, et l'élévation de Bonaparte, concoururent à encourager l'armée.

Dans le mois de mai, le capitan-pacha se présenta devant Alexandrie pour entamer des négociations, mais Kléber, qui espérait traiter dans Constantinople, et forcer les Turcs de garder la neutralité jusqu'à la paix générale, refusa toutes les propositions qui lui furent faites.

C'est au moment où le général Kléber allait recueillir le fruit de tant de soins et de peines, qu'il périt atteint par le poignard du fanatisme.

Un jeune Syrien nommé Souleyman-el-Api, persuadé qu'on gagnait le paradis de Mahomet quand on massacrait un infidèle, se résolut à ce crime, que les vrais croyans appelaient combat sacré. Il se prépara à l'assassinat par un mois de prières et d'ablutions. Une somme d'argent qui lui fut promise et qui devait servir à l'élargissement de son père, retenu en prison pour dettes, acheva de le gagner. Il s'introduisit dans les jardins du palais qu'occupait le général en chef, et se cacha dans une citerne pour y attendre le moment favorable. L'occasion s'offrit bientôt; Kléber passa sur une terrasse voisine, et le musulman le frappa mortellement d'un coup de poignard. Souleyman, arrêté et saisi, fut condamné et empalé; il soutint le supplice avec un mélange de courage et de naïveté; il avoua son crime, s'en fit gloire et s'excusa sur l'amour qu'il portait à l'auteur de ses jours, sur le désir qu'il avait eu de le délivrer de ses fers. Les quatre cheiks de la mosquée, convaincus de complicité, furent décapités.

Ainsi périt, loin des combats, dans la force de l'âge, celui que la mort avait tant de fois respecté sur le champ de bataille.

Kléber était doué de toutes les qualités qui distinguent éminemment un bon général. Il possédait des talens précieux dans toutes les parties de l'art militaire : quoiqu'extrêmement brave, il ne fut jamais téméraire; il sut réunir, d'une manière distinguée, à la vigueur d'un jeune officier toute cette expérience militaire qu'on n'acquiert qu'après avoir vieilli dans les camps. La France honora, par de justes éloges, la mémoire de ce général. La dépouille mortelle du vainqueur d'Héliopolis fut transportée en France, et en 1818 à Strasbourg, où elles reçurent les honneurs funéraires. Une souscription fut ouverte pour élever un monument à sa gloire. On remarque, à la tête des souscripteurs, monseigneur le duc d'Angoulême.

Menou succéda à Kléber, mais il négligea de suivre la route que son prédécesseur avait tracée, et l'état de l'armée empira de jour en jour. Le nouveau commandant rompit toute espèce de négociations, et n'écouta pas même les avis de Mourad-Bey, qui n'ignorait ni les nouvelles dipositions des Turcs, ni les dissentions de l'armée française, dont une partie appelait au commandement le général Regnier. Menou eut bientôt à se repentir de sa folle témérité.

Cependant la tranquillité dont on jouissait au Caire fut encore troublée par la nouvelle de l'apparition d'une flotte anglaise sur la rade d'Aboukir. Le général Friant, qui n'avait que 200 chevaux pour garder les postes importans d'Alexandrie, d'Aboukir et de Rosette, envoya un de ses aides-de-camp au général Menou pour lui demander ses ordres et pour lui annoncer le prochain débarquement de l'escadre ennemie.

Le maréchal reçut aussitôt l'ordre de se porter sur Belbeïs ; le général Morand fut dirigé sur Damiette, le général Lanusse vers Alexandrie, et ces préparatifs furent les seuls qu'on exécuta dans une circonstance aussi périlleuse.

Sept jours se passèrent sans que la flotte osât débarquer. Enfin, dans la nuit du 6 au 7 mars, 150 chaloupes s'étendirent sur une ligne de deux lieues environ, et menacèrent plusieurs points à la fois. A dix heures les Anglais descendirent sur le rivage malgré la résistance que leur opposa la division du général Friant, et les Français, forcés de plier devant des forces superieures, se retirèrent sous Alexandrie.

Sir Ralph Abercrombie était à la tête de l'armée anglaise, que des renforts portèrent bientôt à 23,000 hommes ; il se dirigea sur Alexandrie, et le général Friant, malgré toute sa bravoure et son habileté, eût encore eu le dessous, si le général Lanusse ne se fût porté de son côté.

Les Anglais se reportèrent sur le fort d'Aboukir, qui se rendit le 18 mars, et s'approchèrent ensuite d'Alexandrie, où les divisions Regnier et Rampon arrivèrent le 19. Le général en chef de l'armée française fit aussitôt son plan d'attaque ; mais des traîtres qui en eurent apparemment connaissance le portèrent au général Abercombrie. Les Anglais durent à cette manœuvre perfide les succès de la journée.

Le 21 mars au matin, les deux armées étant en présence, le général Menou ordonna une fausse attaque sur la gauche des Anglais, tandis que le général Lanusse, suivi du régiment des dromadaires, marcha le long du rivage pour attaquer leur droite. Lanusse n'avait point exécuté son mouvement lorsqu'un boulet parti des chaloupes canonnières lui coupa la cuisse ; cet événement porta le trouble dans sa division, qui fut obligée de rétrograder avec une perte considérable : la division du général Loize accourut pour la soutenir ; mais après avoir enfoncé la ligne anglaise, elle périt dans des puits couverts de chausses-trapes que les Anglais avaient creusés, et le brave Roize resta parmi les morts. En vain le général Rampon essaya-t-il d'opérer quelque diversion par une attaque dirigée contre le centre de l'armée ennemie, il fallut se retirer. Le général en chef fit sonner la retraite, et nous reprîmes position devant Alexandrie.

Sir Ralph Abercrombie, le général en chef de l'armée ennemie, fut tué dans cette bataille meurtrière, et remplacé par le général Hutchinson.

La situation de l'armée française devenait chaque jour plus critique. Le nouveau général anglais marcha sur le Caire, où la division du général Béliard, séparée des autres corps de troupes françaises se trouvait déjà cernée. Le grand-visir par ses mouvemens, aida cette attaque et vint établir son camp auprès du Caire. Ici commencèrent et nos désastres et le triomphe de l'Angleterre. Le général français, privé des instructions du général en chef, environné par deux armées et menacé par une populace furieuse qui n'attendait que l'assaut pour se livrer aux derniers excès, se vit forcé de signer une capitulation défavorable. Les circonstances étaient impérieuses, le général Béliard crut devoir garantir l'honneur des armes françaises, et assurer le salut d'une brave garnison dont le sacrifice eût été sans résultat.

En vertu de cette convention, qui reposait sur les mêmes bases que le traité d'El-A'rich, le corps d'armée du général Béliard s'embarqua à Aboukir pour retourner en France, le 9 août 1801.

Le général Menou refusa de reconnaître la convention du général Béliard, et se prépara à défendre jusqu'à la dernière extrémité la ville d'Alexandrie, que les Anglais investirent vers le milieu du mois d'août. Les communications furent coupées, et la disette se fit sentir. Le 17 août, le major Coote, avec un corps de troupes soutenu par les frégates turques, débarqua à l'ouest de la ville, et assiégea le fort de Marabou, qui capitula dans la nuit du 21 au 22.

Ce point important une fois au pouvoir de l'ennemi, plusieurs frégates anglaises s'avancèrent sur nos bâtimens, qui furent contraints de se retirer sous le canon du fort Leturque. Le 25 août, ce fort fut bombardé et une attaque génerale exécutée sur toute la ligne : les Anglais s'emparèrent des avant-postes, et nos réserves purent seules les contenir. Le combat qui s'établit alors fut le dernier. Les soldats francais commencèrent à soupçonner que la flotte qui leur apportait des secours de France était arrêtée dans sa marche par les croisières anglaises, et le découragement s'empara de l'armée. Le conseil de guerre se prononça contre la résistance opiniâtre du général Menou, qui consentit enfin à l'évacuation de l'Egypte en se reprochant d'avoir empêché des négociations qui promettaient un résultat plus heureux. La convention d'Alexandrie fut signée le 2 septembre 1801, et les troupes françaises montèrent sur des bâtimens de transport pour regagner les côtes de la France.

Ainsi se termina une expédition dont on s'était promis les plus grands avantages pour le commerce maritime de l'Orient, et l'affaiblissement de la puissance de l'Angleterre. Selon un publiciste, trois événemens concoururent à rendre nulle l'expédition d'Egypte : le départ de Bonaparte pour la France, l'assassinat de Kleber, et l'élévation du général Menou, qui n'await ni la capacité ni les talens propres à soutenir une entreprise qui exigeait toutes les ressources du génie.

FIN.

www.ingramcontent.com/pod-product-compliance
Lightning Source LLC
Chambersburg PA
CBHW071314110426
42743CB00042B/2004